D1873358

Rezepte aus dem Elsaß

Genehmigte Lizenzausgabe für	Weltbild Verlag GmbH, Augsburg 1998
© der deutschen Ausgabe	by ZS Verlag Zabert Sandmann GmbH, München
© der Originalausgabe	by Édition Albin Michel, S.A.
Titel der französischen Originalausgabe	L'Alsace Gourmande de Marc Haeberlin
Umschlaggestaltung	ZERO, München
Gesamtherstellung	Neue Stalling, Oldenburg
Printed	in Germany
ISBN	3-86047-705-6

MARC HAEBERLIN

Rezepte aus dem Elsaß

In Zusammenarbeit mit
Elisabeth Scotto

Fotografiert von
Jean-Jacques Magis

Aus dem Französischen übersetzt von
Angelika Schlenk

Bechtermünz Verlag

Herausgegeben von Claude Lebey

Vorhergehende Doppelseite:
Elsässer Weinberge in der Umgebung von Ribeauvillé

Für Richard Jeannelle

Du hast das Leben geliebt,
gutes und üppiges Essen
und die Fotografie ...

Marc Haeberlin (stehend)
in Begleitung seines Vaters (links),
seines Onkels (rechts),
seiner Schwester Danièle
sowie Nichte Salomé und Neffe Edouard

Die Geschichte der Auberge de l'Ill

Es geschah vor über 150 Jahren an den Ufern der Ill in einem kleinen Dorf namens Illhaeusern – was auf elsässisch soviel wie »die Häuser entlang der Ill« bedeutet: Die Familie Haeberlin, die nebenher noch eine Landwirtschaft betrieb, eröffnete einen kleinen Landgasthof. Bald traf man sich dort, um Fischragout mit Riesling (Matelote), fritierten Fisch, Baiser mit Schlagsahne und Obsttarte zu genießen. Verglichen mit der Auberge de l'Ill war dieser Gasthof L'Arbre Vert noch sehr bescheiden. Aber die Gerichte waren bereits hervorragend.

In der Küche stand meine Urgroßmutter. Sie reichte ihre Kochschürze weiter an meine Großtante Henriette, die uns bis ins hohe Alter ihre Liebe zur Genauigkeit und Perfektion vermittelte. Henriette wurde unterstützt von ihrer Schwägerin Marthe Haeberlin, die sich besonders auf Desserts und die Pâtisserie verstand. Während der Jagdzeit wurde die Karte um Hasen- und Rehgerichte erweitert, das Wild dafür stammte aus den umliegenden Jagdrevieren. Die Gäste kamen von weit her, zum Teil aus Colmar, Sélestat und sogar Saint-Dié und Straßburg, um diese einfache, schmackhafte Regionalküche zu genießen. Eine treue Stammkundschaft waren sonntags die Honoratioren wie zum Beispiel Monsieur Peugeot, der regelmäßig zur Jägermahlzeit hierher kam.

Schalteten und walteten die Frauen in der Küche, so kümmerte sich mein Großvater Fritz um den Bauernhof und das Vieh. In dieser wunderbaren Umgebung wuchsen seine beiden Söhne Paul und Jean-

Suppen

Suppen und Brühen spielen in der elsässischen Küche eine große Rolle. Kein Menü beginnt ohne Suppe. Eine meiner frühesten kulinarischen Erinnerungen kommt mir dabei in den Sinn: Meine Eltern brachten meine Schwester und mich sonntags oft nach Wihr-en-Plaine auf den Bauernhof meiner Großmutter mütterlicherseits. Schon auf der Türschwelle lief uns das Wasser im Munde zusammen: Es duftete nach Reis-Gemüse-Suppe. Vor dem Servieren ging unsere Großmutter immer noch einmal in den Garten, um Schnittlauch oder Kerbel zu holen, die der Suppe ein unvergleichliches Aroma verliehen. Das Essen ging weiter mit herrlich panierten und in Schmalz gebratenen Wiener Kalbsschnitzeln und endete mit einem süßen, zartschaumigen Omelett. Großmutter war meine erste Lehrmeisterin, die meinen Sinn für Geschmack schärfte.

Aus dieser glücklichen Zeit stammt meine unmäßige Vorliebe für Suppen. Sie können ganz einfach sein, dürfen aber immer nur aus guten Zutaten zubereitet werden... Ich verfeinere sie auch gerne: eine Linsensuppe mit gebratenen Stopfleberwürfelchen, einigen Trüffelstreifen, etwas Kaviar...

Mittagspause bei der Weinlese

Kressesamtsuppe mit Perlgraupen und Kalbsbries

FÜR 6 PERSONEN

1 Bund Brunnenkresse
200 g blanchiertes Kalbsbries
2 l Geflügelfond (S. 135)
1/4 l Sahne
100 g Perlgraupen
2 Eigelb • 1 Schalotte
50 g Butter • Salz, Pfeffer

Die Kresse waschen und abtropfen lassen. Einen halben Bund beiseite stellen, den Rest mit den Stengeln grob hacken. Die Schalotte schälen und fein hacken.
25 g Butter in einem 4-Liter-Topf zerlassen und die Schalotte und die gehackte Kresse darin unter Rühren 2 Minuten andünsten. Den Geflügelfond dazugießen, nach dem ersten Aufkochen die Hitze reduzieren und 30 Minuten leise köcheln lassen.
In der Zwischenzeit in einem großen Topf Wasser zum Kochen bringen und die Perlgraupen darin 30 Minuten ziehen (nicht kochen) lassen.
Das Kalbsbries in etwa 1/2 cm große Würfel schneiden, salzen und pfeffern. Die restliche Butter in einer Pfanne von 24 cm Durchmesser zerlassen und die Kalbsbrieswürfel darin kurz goldbraun braten. Auf Küchenpapier abtropfen lassen und beiseite stellen.
Die restliche Kresse von den Stielen zupfen und in feine Streifen schneiden.
Sobald die Perlgraupen fertiggegart sind, abgießen, unter fließendem kalten Wasser abschrecken und abtropfen lassen.
Die Suppe nach 30 Minuten in eine Rührschüssel gießen und mit dem Mixer pürieren. Anschließend durch ein feines Sieb wieder in den Topf zurückgießen und erhitzen. Eigelb und Sahne in einer Schüssel verquirlen und diese Mischung unter die Suppe rühren. Unter ständigem Rühren weiter erhitzen, bis die Suppe schön samtig ist. Mit Salz und Pfeffer abschmecken.
Kalbsbries, Kressestreifen und Perlgraupen zufügen. Bei geringer Hitze 3 Minuten unter Rühren erwärmen. Die Suppe auf sechs vorgewärmte Teller verteilen. Sie muß heiß gegessen werden.

Austernsuppe mit Brunnenkresse

FÜR 6 PERSONEN

1 Bund Brunnenkresse
46 Austern (z. B. Fines de Claires, Spéciales)
1 l Fischfond
1/4 l Sahne
1/4 l Riesling
3 Eigelb • 4 Schalotten
Salz, Pfeffer • 100 g Butter
1 EL Mehlbutter
Kerbelblättchen

Die Austern nacheinander öffnen, abtropfen lassen und den Saft auffangen.
Schalotten schälen und hacken, die Kresse in feine Streifen schneiden. Die Butter zerlassen und Schalotten und Kresse (etwas für die Dekoration zurückbehalten) darin andünsten. Austernsaft und 10 ausgelöste Austern dazugeben. Mit Fischfond und Riesling aufgießen, salzen und pfeffern und ungefähr 15 Minuten kochen lassen. Die Mehlbutter dazugeben und weitere 5 Minuten kochen. Die Suppe im Mixer pürieren, dann durch ein feines Sieb in einen Topf passieren.
Sahne und Eigelb in einer kleinen Schüssel verquirlen und unter Rühren mit dem Schneebesen unter die heiße Suppe mischen. Nicht mehr kochen lassen. Abschmecken.
Auf jeden Teller 6 ausgelöste, rohe Austern setzen und mit der heißen Suppe begießen. Mit Kerbelblättchen und der zurückbehaltenen Kresse bestreuen.

Gänsekraftbrühe mit Kürbis und Kräuter-Gänseschmalz-Klößen

Ich nehme für die Klöße immer ungesäuertes Brot, das sehr trocken und aromatisch ist. Aus der gekochten Gans bereite ich einen Salat mit rohem Sauerkraut, Gänseleber und Speck zu (S. 36).

FÜR 6 PERSONEN

1 Gans (mit Innereien; Hals und Flügel abgetrennt)
4 l heller Geflügelfond (S. 135)
1 Kräutersträußchen • 1 1/2 kg Kürbis
250 g Knollensellerie • 2 mittelgroße Möhren
2 Knoblauchzehen • 1 Lauchstange
6 Petersilienstengel • Salz, Pfeffer

FÜR DIE KLÖSSCHEN:
150 g Gänseschmalz
150 g ungesäuertes Brot
2 Eier • 4 Eigelb
4 Petersilienzweige • 6 Schnittlauchstengel
6 Msp geriebene Muskatnuß
Salz, Pfeffer

200 ml Geflügelfond zum Kochen bringen. Den Kürbis schälen und das Fruchtfleisch mit einem olivengroßen Kugelausstecher ausstechen. Die Bällchen in den siedenden Geflügelfond geben und 2 Minuten pochieren. Abgießen und beiseite stellen.

Flammenkuchen

Die besten Flammenkuchen findet man in Kintzheim im Unterelsaß – der Gegend, aus der das Originalrezept kommt – in der Auberge Saint-Martin oder in Pfulgriesheim nördlich von Straßburg. Flammenkuchen sind hervorragend geeignet als Amuse-bouche oder zum Aperitif. Früher besaß jeder Bauernhof seinen eigenen Holzofen und dort wurde einmal wöchentlich Brot gebacken. Um die optimale Temperatur von 300 Grad zu erreichen, mußte man den Ofen zuvor auf 450 Grad aufheizen. Bei dieser Temperatur wurden die feinen Galettes aus Brotteig, belegt mit Sahne, Zwiebeln und Speck, gebacken. Paul Bocuse hat sie »elsässische Pizzen« getauft. Die starke Hitze verbrennt leicht die Teigränder, daher der Name »Flammenkuchen«. Wenn die Temperatur dann auf 300 Grad abgesunken war, wurde das Brot gebacken, bei 180 Grad der Tortenbiskuit und anderer Biskuitteig. Bei 120 Grad wurden die Baisers in den Ofen geschoben und durften dort die ganze Nacht verbringen.

FÜR 4 PERSONEN

400 g Brotteig (Teigart nach Geschmack, beim Bäcker kaufen)
200 g Quark (40 % Fett i. Tr.)
5 EL Crème fraîche
150 g geräucherter Speck
100 g Zwiebeln
1 Eigelb • 1 Msp gemahlene Muskatnuß
Salz, Pfeffer

Den Ofen auf 300 Grad vorheizen. Den Teig mit dem Nudelholz sehr dünn ausrollen und vier Kreise von 10 cm Durchmesser ausschneiden. Die Teigplatten auf ein vorbereitetes Backblech legen.
Die Zwiebeln schälen, hacken und in eine Kasserolle geben. Mit kaltem Wasser bedecken und kurz zum Kochen bringen. Abgießen und mit kaltem Wasser abschrecken.
Den Speck in kleine Würfel schneiden.
Quark, Crème fraîche und das Eigelb mit dem Schneebesen verrühren. Salz, Pfeffer und Muskatnuß dazugeben.
Den Teig mit der Quarkmischung bestreichen und Zwiebeln und Speckwürfel darauf verteilen. Im heißen Ofen 6 Minuten backen. Sehr heiß servieren.

In dieser kleinen Dorfbäckerei laden Brezeln und phantasievoll geformtes Brot zum Eintreten ein

Trüffel in Kartoffelkruste

Die meistangebaute Kartoffel der ganzen Region ist die schmackhafte, mehligkochende Primura. In der Auberge versorgt uns Monsieur Uhl, ein Bauer aus dem Dorf, damit. Ich kombiniere gerne den neutralen Geschmack dieser Kartoffel mit dem stark duftenden, delikaten Aroma der Trüffel.

FÜR 4 PERSONEN

4 Trüffel (je 25 bis 35 g)
4 mehligkochende Kartoffeln (je 100 g)
3 Eigelb
3 l Erdnußöl zum Fritieren
Salz, Pfeffer

Das Fritieröl auf 170 Grad erhitzen. Die Trüffel vorsichtig schälen und die Schalen fein hacken. Die Kartoffeln schälen, zwei Kartoffeln im Wasser gar kochen und im Mixer pürieren. Salz, Pfeffer, Eigelb und die gehackten Trüffelschalen untermischen. Jede Trüffel mit Kartoffelpüree einhüllen.
Die zwei anderen Kartoffeln in feine Streifen schneiden. Die mit Püree garnierten Trüffel in den Kartoffeljulienne wenden.
Bei 170 Grad vorsichtig 10 Minuten fritieren. Mit einem Schaumlöffel herausholen und kurz auf Küchenpapier abtropfen lassen. Sofort servieren.

Getrüffelte Gänseleberterrine

Die Trüffel muß unbedingt pochiert werden, damit sie beim Aufschneiden in der Mitte der Terrine nicht auseinanderbricht. Man kann für dieses Rezept aber auch eine eingelegte Trüffel verwenden. Am besten schmeckt zu dieser Terrine eine Scheibe Brioche oder getoastetes Weißbrot, begleitet von einem Gewürztraminer Spätlese.

FÜR 8 PERSONEN

1 rohe Gänsestopfleber (600 g)
20 g eingelegte oder pochierte Trüffel
2 cl Cognac
4 cl Portwein
4 cl Sauternes
2 cl trockener Sherry
1 EL Trüffelsaft
1 TL Zucker
1 g gemahlener Pfeffer
6 g Salz
Gänseschmalz

Trüffel in Kartoffelkruste

Mit dem zweiten Blätterteigrechteck bedekken und in vier Blätterteigtaschen schneiden. Mit dem verquirlten Ei bestreichen. Ein Backblech mit Wasser benetzen, die Blätterteigtaschen darauf setzen und 15 bis 20 Minuten im Ofen backen, bis der Blätterteig goldbraun und schön aufgegangen ist.
Endiviensalat mit einer Schalotten-Knoblauch-Vinaigrette vermischen und die Blätterteigtaschen heiß dazu servieren.

Salat mit Rehfilet und Waldpilzen

In den Vogesen wachsen viele Preiselbeeren. Sie passen sehr gut zu Wildgerichten und verleihen ihnen die erforderliche säuerliche Note.

FÜR 6 PERSONEN

800 g Rehfilet (küchenfertig, ohne Knochen)
200 g geputzte frische Pfifferlinge
3 EL eingemachte Preiselbeeren
6 Scheiben frische Gänseleber (je 60 g)
2 Äpfel (z. B. Golden Delicious)
500 g gemischter Salat (z. B. Feldsalat, Friséesalat, Eichblattsalat)
150 g kalte Butter
1 Schalotte
1/4 l Wildfond (S. 135)
2 EL Sherry-Essig • 2 EL Olivenöl
Salz, Pfeffer

Olivenöl in einer Pfanne erhitzen und das Rehfilet darin von beiden Seiten je 5 Minuten goldbraun braten. In Alufolie wickeln und etwa 15 Minuten ruhen lassen.
Die Schalotte schälen und fein hacken. 10 g Butter in einer beschichteten Pfanne zerlassen und die Schalotte darin unter ständigem Rühren anschwitzen. Die Pfifferlinge zugeben, salzen und pfeffern und 3 Minuten zugedeckt köcheln lassen. Abgießen und den Saft auffangen. Die Äpfel schälen, entkernen und in kleine Würfel schneiden. 20 g Butter in der Pfanne zerlassen und die Apfelwürfel darin 5 Minuten anbräunen.
Den Bratensaft der Pfifferlinge in den Mixer geben und Essig und Wildfond hinzufügen. Salzen und pfeffern und die restliche kalte Butter zugeben. 1 Minute mixen und beiseite stellen.
Den Salat waschen, trockenschleudern und auf sechs Teller verteilen. Das Rehfilet in feine Scheiben schneiden und kranzförmig auf den Tellern anrichten. Mit Apfelwürfeln und abgetropften Preiselbeeren bestreuen.
Die Leberscheiben salzen und pfeffern und in einer Pfanne von beiden Seiten je 30 Sekunden braten. In der Mitte der Teller anrichten. Die Salatsauce über den Salat träufeln. Alles sofort servieren.

Waldlandschaft in den Hohen Vogesen

Spargel im Blätterteig mit frischen Morcheln und Rühreiern

Von April bis Mai gibt es in den Wäldern am Rhein Morcheln im Überfluß. Diese unvergleichlichen aromaintensiven Pilze werden täglich von zahlreichen Pilzsammlern in die Auberge gebracht.

FÜR 4 PERSONEN

250 g Blätterteig
1 kg Spargel (dicke Stangen)
250 g frische Morcheln
6 Eier
1/2 l Sahne
50 g Butter
1 Schalotte
Salz, Pfeffer
1 Ei zum Bestreichen

Den Blätterteig 5 mm dick ausrollen und vier Rechtecke von 15 x 10 cm ausschneiden. Ein Backblech mit Wasser befeuchten. Die Blätterteigplatten darauf legen und ca. 1 Stunde ruhen lassen.
Den Backofen auf 210 Grad vorheizen. Die Eier in einer Schüssel mit 2 Eßlöffeln Sahne verquirlen und vorsichtig salzen und pfeffern. Beiseite stellen.
Den Spargel schälen, 12 cm unterhalb der Spitzen abschneiden und mit Küchengarn zu Spargelbunden zusammenbinden. Aufrecht stehend in kochendem Salzwasser garen, bis die Spargelstangen schön zart sind. Abgießen und warm halten.
Die Morcheln halbieren und unter fließendem kalten Wasser waschen. Die Schalotte schälen und fein hacken. 20 g Butter in einer beschichteten Bratpfanne von 24 cm Durchmesser zerlassen und die Schalotte zugeben. Bei geringer Hitze 2 Minuten andünsten, dann die Morcheln hinzufügen. Zugedeckt 2 Minuten kochen, die Morcheln abgießen und warm halten. Die restliche Sahne in die Pfanne gießen und auf die Hälfte einkochen lassen. Salzen und pfeffern, die Morcheln wieder dazugeben und gut verrühren. Die restliche Butter mit dem Schneebesen untermischen. Beiseite stellen und bei geringer Hitze warm halten.
Die Blätterteigplatten mit einem verquirlten Ei bestreichen. Wenn der Ofen heiß genug ist, das Backblech hineinschieben und den Blätterteig ungefähr 10 Minuten backen.
Die Eier verquirlen und im Wasserbad ungefähr 10 Minuten garen, dabei ständig rühren. Die fertiggebackenen Blätterteigschnitten quer halbieren. Die unteren Hälften auf vier Teller verteilen und mit Rührei garnieren. Den Spargel darauf anrichten und mit der Morchelsahnesauce begießen. Die obere Blätterteighälfte darauf setzen und jeden Teller noch einmal für 30 Sekunden in den heißen Ofen schieben. Sofort servieren.

Gänsebrustsalat mit grünen Linsen und Gänsestopfleber

Hier werden so noble Zutaten wie Gänsebrust und Stopfleber mit der bescheidenen Linse vereint. Angemacht wird der Salat mit dem geschmacklich neutralen Traubenkernöl, das die Aromen dieses Gerichts besonders gut zur Geltung bringt.

FÜR 6 PERSONEN

300 g gemischter Salat (z. B. Frisée, Eichblatt, Lollo rosso)
180 g grüne Puy-Linsen
1 frische Gänsebrust
6 Scheiben rohe Gänsestopfleber (je 50 g)
6 EL Traubenkernöl
4 EL Weinessig
1 Schalotte
1/4 l Geflügelfond (S. 135)
Schnittlauch • Kerbel
1 EL scharfer Senf (z. B. Moutarde de Dijon)
Salz, Pfeffer

Die Linsen verlesen und 6 Stunden in reichlich kaltem Wasser einweichen.
Die Linsen abgießen, in ungesalzenes kochendes Wasser geben und 30 Minuten kochen. Abtropfen lassen.
Die Vinaigrette zubereiten: Die Schalotte schälen und zusammen mit Geflügelfond, Öl, Essig und Senf in einen Mixer geben. Salzen und pfeffern und 1 Minute pürieren. Die noch heißen Linsen mit der Hälfte der Vinaigrette vermischen.
Die Gänsebrust in einer trockenen Pfanne von beiden Seiten je 3 Minuten braten, dann 10 Minuten ruhen lassen.
Die Salate waschen und trockenschleudern. Auf sechs Tellern anrichten, in die Mitte jeweils Linsen geben. Die Gänsebrust in feine Streifen schneiden und um die Linsen herum anrichten.
Die Gänseleberscheiben von beiden Seiten je 30 Sekunden unter dem heißen Grill braten. Auf die Mitte der Teller setzen und mit der restlichen Vinaigrette beträufeln. Den Salat mit Kerbelblättchen und Schnittlauchröllchen garnieren und sofort servieren.

Zu Füßen des Schlosses Haut-Kœnisbourg liegt das Dorf Bergheim

Lauwarmer Salat von Schweinebäckchen auf Linsen mit Gänseleber

Das zarteste, aromatischste und leckerste Fleisch vom Schwein sind die geleehaltigen Bäckchen. Zögern Sie nicht, sie bei Ihrem Metzger zu bestellen, sie sind einzigartig im Geschmack. Ersetzen sollten Sie sie höchstens durch Rinderbäckchen!

FÜR 4 PERSONEN

8 Schweinebäckchen (ersatzweise 2 Rinderbäckchen)
350 g rohe Gänseleber
250 g grüne Puy-Linsen
100 ml trockener Weißwein
1 Zwiebel • 1 Möhre
200 g Knollensellerie
1 Kräutersträußchen
4 Kerbelzweige
1 Schalotte • 1 EL Senf
3 EL Weinessig
8 EL Erdnußöl • 4 EL Olivenöl
Mehl • 1/2 Knoblauchzehe
Salz, Pfeffer

ZUM ANRICHTEN:
einige Endiviensalat- oder Löwenzahnblätter

Die Linsen verlesen und 6 Stunden in reichlich kaltem Wasser einweichen.

Am nächsten Tag die Schweinebäckchen in einen großen Schmortopf legen. Weißwein, geschälte Möhre und Zwiebel, Sellerie und das Kräutersträußchen dazugeben. Mit reichlich kaltem Wasser bedecken und zum Kochen bringen. 1 1/2 Stunden leise köcheln lassen, dabei zu Beginn einmal abschäumen, salzen und pfeffern.

Wenn die Schweinebäckchen gar sind, herausnehmen und abkühlen lassen. Die Linsen abgießen und im Kochsud der Schweinebäckchen 30 Minuten kochen. Abgießen und Kräutersträußchen, Sellerie, Zwiebel und Möhre entfernen.

Die Vinaigrette zubereiten: Schalotte und Knoblauchzehe schälen und in einen Mixer geben. 6 Eßlöffel Erdnußöl, das Olivenöl und den Senf dazugeben, salzen und pfeffern und so lange mixen, bis die Vinaigrette schön gebunden ist. Die Linsen mit der Hälfte der Vinaigrette vermischen.

Jedes Schweinebäckchen in vier Scheiben, die Leber in vier Schnitzel schneiden. Das restliche Erdnußöl in einer beschichteten Pfanne von 24 cm Durchmesser erhitzen. Die Leberscheiben salzen, pfeffern und leicht mit Mehl bestäuben. Von beiden Seiten je 1 Minute im heißen Öl braten.

Salatblätter und Linsen auf vier Teller verteilen. Die Schweinebäckchen darauf anrichten und mit der restlichen Vinaigrette beträufeln. Auf jeden Teller noch eine gebratene Gänseleberscheibe legen und mit ein paar Kerbelzweigen garnieren. Sofort servieren.

ZUM RÄUCHERN:
Sägemehl von Birke oder Buche
Räucherofen (im Handel gibt es mittlerweile kleine, preiswerte Räucheröfen) oder
Holzkohlengrill mit Deckel

Lachsfilet mit der Haut nach unten auf eine große Platte legen und mit einer Mischung aus Salz und Zucker bedecken. 24 Stunden im Kühlschrank marinieren.
Den Lachs nun für eine Stunde zum Entsalzen in kaltes Wasser legen, dann trockentupfen. Die beiden Öle, Koriander- und Pfefferkörner und die grob zerkleinerten Dill- und Petersilienzweige miteinander vermischen. Den Lachs mit der Mischung übergießen und 24 Stunden im Kühlschrank marinieren.
Dann das Lachsfilet abtropfen lassen und trockentupfen. Das Sägemehl in das dafür vorgesehene Fach unter dem Räucherofen einfüllen, mit etwas Brennspiritus beträufeln und das Fach wieder schließen. Das gut abgetupfte Lachsfilet auf den Rost legen und je nach Dicke des Filets 1 1/2 bis 2 Stunden räuchern. Im Freien kann man zum Räuchern auch den Holzkohlengrill nehmen und mit einem Deckel verschließen.
Wenn der Lachs fertig geräuchert ist, wird er für zwei Tage in den Kühlschrank gestellt. Vor dem Servieren in Scheiben schneiden. Steifgeschlagene Sahne mit etwas Salz, Pfeffer und frisch geriebenem Meerrettich abschmecken und als Beilage reichen.

Kümmel-Kartoffeln mit Munster

Für mich gibt es nur einen elsässischen Käse: den Munster. Mit Pellkartoffeln und in reifem Zustand schmeckt er mir am besten. Ich beziehe den Munster immer von einem Bauernhof in der Gegend von Munster oder Albe.

FÜR 4 PERSONEN

1/2 Munster (ohne Rinde)
4 Kartoffeln (frühe Sorte) von je 80 g
1 TL Kümmel
1 EL Gewürztraminer-Trester • Salz

Kartoffeln in einen Topf legen, mit kaltem Wasser bedecken und zum Kochen bringen. Salzen und ungefähr 20 Minuten kochen, bis sie gar sind.
Kartoffeln abgießen, schälen und mit einem Kugelausstecher in der Mitte aushöhlen. Die ausgehöhlte Kartoffelmasse und den Munster mit einer Gabel zerdrücken. Kümmel und Trester zugeben und gut vermischen. Die Masse in einen Spritzbeutel mit glatter Tülle füllen und die noch lauwarmen Kartoffeln damit füllen. Sofort servieren.
Als Beilage einen gemischten Salat mit einem Hauch Knoblauch reichen.

Reifekeller im Gut Kastelberg

Kleine Munster-Pastete mit Kümmel und Lauch

Neben dem reifen Munster, den man vom Stück ißt, und der nachfolgend beschriebenen Munster-Pastete gibt es auch noch den »siass kass«, eine ganz spezielle Gaumenfreude, die man nur im Elsaß kennt. Es handelt sich dabei um ganz frischen Munster: Wenn die Milch gerade dickgelegt ist, wird sie mit einem Schöpflöffel in runde Holzformen gefüllt. Dieser Käse wird, mit Zucker gesüßt und mit Kirschbrand verfeinert, im Laufe des Tages – mittags oder abends – verzehrt. Am nächsten Tag wäre er schon nicht mehr gut, der Käse bekommt dann eine gummiartige Konsistenz. Wenn Sie eine Reise ins Elsaß machen, sollten Sie unbedingt in einem der zahlreichen Landgasthöfe einkehren, zum Beispiel bei der Familie Wehrey, Le Kastelberg, oberhalb von Munster, um diese Spezialität zu kosten.

FÜR 6 PERSONEN

600 g Blätterteig
1 Munster (ohne Rinde)
4 mittelgroße Kartoffeln (je 100 g)
2 Lauchstangen • 2 TL Kümmel
20 g Butter • Salz, Pfeffer
1 Ei zum Bestreichen

Kartoffeln in einen Topf legen, mit kaltem Wasser bedecken und zum Kochen bringen. Salzen und etwa 20 Minuten kochen lassen, bis die Kartoffeln gar sind. Abgießen, schälen und in 1/2 cm dicke Scheiben schneiden. Den Lauch putzen, waschen und in feine Ringe schneiden. Die Butter in einer Pfanne erhitzen und den Lauch darin andünsten. Abkühlen lassen.

Den Backofen auf 210 Grad vorheizen. Den Blätterteig zu runden, 2 mm dicken Kreisen ausrollen.

Eine Blätterteigplatte auf ein beschichtetes Backblech setzen und mit der Hälfte des gedünsteten Lauchs und der Hälfte der Kartoffeln belegen. Die Hälfte des Kümmels darauf streuen und den Käse darauf geben. Mit dem restlichen Kümmel bestreuen und den Rest von Kartoffeln und Lauch darauf verteilen. Mit der zweiten Blätterteigplatte bedecken.

Das Ei mit einer Gabel verquirlen und damit die Oberfläche der Pastete mit Hilfe eines Pinsels bestreichen. In den vorgeheizten Ofen schieben und ungefähr 25 Minuten backen, bis die Pastete goldbraun ist. Aus dem Ofen nehmen, auf eine Platte gleiten lassen und sofort servieren.

Dazu einen gemischten Salat mit einem Hauch Knoblauch reichen.

Kräuterquiche mit Schnecken

FÜR 4 PERSONEN

250 g Blätterteig
100 g gekochter Spinat
250 ml Milch
1/4 l Sahne
5 Dutzend Schnecken (aus der Dose)
2 Estragonzweige
1 Bund Petersilie
1 Bund Kerbel
1 Basilikumzweig
4 Eier
1/2 Knoblauchzehe
1/2 Schalotte
1 Msp gemahlene Muskatnuß
Salz, Pfeffer
etwas Butter zum Braten

Den Backofen auf 180 Grad vorheizen. Den Teig zu einem Kreis von 25 cm Durchmesser ausrollen und auf ein gefettetes Backblech setzen. Die Oberfläche mit einer Gabel mehrere Male einstechen. Den Teig am Rand mit den Fingern zu einem kleinen Wulst formen. Die Schnecken abgießen, grob hacken und gleichmäßig auf dem Teig verteilen.
Die Kräuter waschen, die Stiele nicht entfernen. Zusammen mit Spinat, Muskat, Knoblauch und der Schalotte in eine Rührschüssel geben. Salzen, pfeffern und ungefähr 3 Minuten mit dem Pürierstab mixen, bis ein feines Püree entstanden ist.
Sahne und Eier mit dem Schneebesen in einer Schüssel verschlagen. Das Kräuterpüree unter weiterem Rühren untermischen. Die Masse durch ein feines Sieb streichen und die Schnecken damit überziehen.
In den Backofen schieben und 30 Minuten backen. Heiß servieren.

Kleiner Baeckeoffa mit frischen Trüffeln

Eine moderne, kalorienreduzierte Version des berühmten Baeckeoffa (für den Sie auf Seite 62 das Rezept finden), die sich als Vorspeise, Hauptgericht oder als Beilage zu Fleisch eignet.

FÜR 4 PERSONEN

1 Kalbsfuß (gekocht und entbeint)
150 g Lammkarree (entbeint und entfettet)
2 mittelgroße Kartoffeln
1 kleine Lauchstange
150 g Blätterteig
3 frische Trüffeln (je 25 g)
8 EL Riesling
20 g Butter
Salz, Pfeffer

Die Kartoffeln schälen und in kleine Würfel schneiden. Kalbsfuß und Lammfleisch in kleine Würfel schneiden.
Eine Trüffel hacken. Den Lauch putzen und

fein hacken. Die Butter in einer beschichteten Bratpfanne von 24 cm Durchmesser zerlassen und den Lauch und die Trüffel darin 2 Minuten bei milder Hitze andünsten. Vom Herd nehmen und beide Fleischsorten zugeben. Salzen, pfeffern und gut vermischen. Die Kartoffeln zugeben und nochmals gut durchmischen.
Den Backofen auf 180 Grad vorheizen. Die Mischung auf vier Porzellanterrinen verteilen, in die Mitte jeder Terrine eine halbe Trüffel stecken. Die Oberfläche glattstreichen und jede Terrine mit 2 Eßlöffeln Wein beträufeln. Die Ränder der Terrinen mit Blätterteigstreifen belegen und die Deckel fest darauf drücken, so daß die Terrinen hermetisch verschlossen sind. Terrinen 30 Minuten im Ofen garen, dann sofort servieren.

Kleiner Baeckeoffa mit frischen Trüffeln

Preßkopf auf Elsässer Art

»Preßkopf« ist die elsässische Bezeichnung für Schweinskopf. Er schmeckt hervorragend zum Apéritif oder als Vorspeise mit einem Salat.

FÜR 10 PERSONEN

1/2 Schweinskopf (mit Zunge)
1 kg Schweineschulter (entbeint)
2 große Zwiebeln
1 Knoblauchknolle
1 Lorbeerblatt
1 Thymianzweig
250 g gehackte Petersilie
500 g Knollensellerie
1 l trockener Weißwein (Riesling oder Silvaner)
200 g gemahlene Gelatine
1 EL Pfefferkörner

ZUM PÖKELN:

700 g grobes Salz
10 g gemahlener Koriander
2 Thymianzweige
2 Lorbeerblätter

ZUM ANRICHTEN:

Vinaigrette mit Petersilie, Knoblauch und Schalotte

Für die Salzlake 5 Liter Wasser in einen Kochtopf füllen. Salz, gemahlenen Koriander, Thymian und Lorbeerblätter dazugeben.

Auf Heu gebratene Aale mit Kräuterbutter

Die in Schweden gebräuchliche Methode, Fische auf Heu zu garen, hat mich zu diesem Rezept inspiriert. Das Fett vom Aal, das im heißen Backofen schmilzt und auf das Heu tropft, verströmt ein unvergleichliches Aroma. Kaufen Sie das Heu auf dem Bauernhof, oder holen Sie sich Gras von einer Wiese und trocknen es zu Hause.

FÜR 4 PERSONEN

2 Aale (je 600 bis 700 g, enthäutet und ausgenommen)
2 Handvoll gutes, trockenes Heu
Salz, Pfeffer

FÜR DIE KRÄUTERBUTTER:
125 g kalte Butter
1 frischer Thymianzweig
10 Kerbelzweige
10 Petersilienzweige
1 Schnittlauchhalm
1 Schalotte
Salz, Pfeffer

Backofen auf 250 Grad vorheizen. Die Aale in 5 cm große Stücke schneiden, salzen und pfeffern. Das Heu in eine ofenfeste Form geben und die Aalstücke daraufsetzen. Den Boden der Form mit etwas Wasser begießen. In den heißen Ofen schieben und 15 Minuten garen lassen.
In der Zwischenzeit die Kräuterbutter zubereiten: Die Schalotte schälen und mit den von den Stielen gezupften Kräuterblättern (ohne Schnittlauch) in einen Topf geben. Salzen und pfeffern, 50 ml Wasser zugeben und 5 Minuten kochen lassen. Die Kräutermischung in eine Rührschüssel geben und mit dem Pürierstab mixen. Nach und nach die in Flöckchen geschnittene Butter untermixen. Auf diese Weise erhält man eine schaumige, zartgrüne Butter. Den in Röllchen geschnittenen Schnittlauch untermischen und die Butter in eine Sauciere füllen. Wenn die Aale gar sind, auf vier Tellern anrichten und mit etwas Butter übergießen. Die restliche Butter separat dazu reichen.

Zwei Ansichten von der Ill: von der Brücke von Illhaeusern aus betrachtet (vorhergehende Seite) und vor dem Hôtel des Berges (gegenüberliegende Seite oben)

Fischtopf mit Weißwein

FÜR 6 PERSONEN

1 Zander (600 g)
1 Aal (800 bis 900 g)
2 Forellen (je 350 g)
1 Karpfen (400 g)
250 g Champignons
1/4 l Sahne
230 g Butter
90 g Mehl
Saft von 1/2 Zitrone
1 Bund Schnittlauch
1 Bund Petersilie
1 Lauchstange (nur das Weiße verwenden)
3 Schalotten
1/4 Knoblauchzehe
1 l Fischfond (S. 136)
1/2 l Riesling
Salz, Pfeffer

Die Fische schuppen, den Aal häuten. Unter kaltem Wasser waschen, trockentupfen und in Stücke schneiden. Diese Vorbereitungen können Sie auch von Ihrem Fischhändler erledigen lassen.

Die Schalotten und den Lauch schälen und hacken. 20 g Butter in einem 4-Liter-Topf zerlassen und Schalotten und Lauch darin andünsten. Wein und Fischfond zugießen und zum Kochen bringen. Knoblauch, Salz und Pfeffer zufügen.

Die Aalstücke hineingeben und 5 Minuten kochen lassen. Anschließend den Karpfen dazugeben und sobald das Wasser wieder kocht die Forellen und den Zander. Noch einmal aufkochen lassen, dann vom Herd nehmen und zugedeckt 20 Minuten ziehen lassen.

In der Zwischenzeit die Champignons putzen und in 20 g Butter dünsten, bis sie eine goldbraune Farbe angenommen haben. Noch während des Dünstens salzen und pfeffern.

Die Fischstücke abgießen und in einer tiefen Schüssel warm stellen. Den Fischsud durch ein Sieb gießen. 45 g Butter in einem Topf zerlassen und das Mehl darin unter Rühren 2 Minuten anschwitzen. Unter ständigem Rühren den Fischsud und die Sahne unterrühren und zum Kochen bringen. Bei mäßiger Hitze einige Minuten einkochen lassen. Falls nötig noch einmal abschmecken.

Die Brühe nun in eine Rührschüssel gießen und die restliche Butter in kleinen Flöckchen mit dem Pürierstab untermixen. Zitronensaft und Bratensaft der Champignons zugeben und vermischen. Die Fische mit der Sauce überziehen. Mit gehackter Petersilie und Schnittlauchröllchen bestreuen und sofort servieren.

Zu diesem Gericht passen am besten frische Nudeln mit Butter.

Karpfen im Gelee mit Gewürzen

Zu diesem Gericht hat mich die jüdische Küche inspiriert. Ich habe es vor sechs Jahren kreiert und serviere dazu am liebsten heißes Kartoffelpüree mit Butter, abgeschmeckt mit Muskatnuß. Die Kombination von heiß und kalt läßt den Karpfenfond noch besser zur Geltung kommen.

FÜR 4 PERSONEN

2 Karpfen (je 600 g)
1/2 l Riesling
2 Eiweiß
1 mittelgroße Zwiebel
1 mittelgroße Möhre
1/2 Lauchstange
1/2 Fenchelknolle
4 Dillzweige
1 Kräutersträußchen
Petersilienzweige
Salz, Pfeffer

ZUM ANRICHTEN:
200 g Crème fraîche
gemahlener Koriander

Bitten Sie Ihren Fischhändler, die Filets der beiden Karpfen auszulösen und in Streifen zu schneiden. Die Fischabfälle mitnehmen.
Zwiebel und Möhren schälen und mit Lauch und Fenchel grob hacken. Zusammen mit den Fischabfällen, den Petersilienzweigen und dem Kräutersträußchen in einen Topf geben. 400 ml Wein und ebensoviel Wasser angießen und zum Kochen bringen. 30 Minuten kochen lassen, dann den Fischfond abseihen.
Den Fischfond zum Kochen bringen und die Karpfenstreifen zugeben. 4 Minuten kochen lassen, dann abgießen. Auf eine Platte geben und beiseite stellen.
Den Fischfond klären. Dafür den Fond noch einmal aufwallen lassen. Eiweiß mit dem restlichen Wein verquirlen und zum Fond geben. So lange rühren, bis der Fond wieder sprudelnd kocht. Vom Herd nehmen und zugedeckt 15 Minuten ruhen lassen. Den Fond abseihen, salzen und pfeffern.
Die Karpfenstreifen auf vier Förmchen verteilen und mit Fischfond bedecken. Mit Dill garnieren und über Nacht in den Kühlschrank stellen.
Vor dem Servieren die Förmchen auf vier Teller stürzen. Die Crème fraîche mit Salz, Pfeffer und Koriander abschmecken und separat dazu reichen.

Gebratener Lachs mit Knoblauch und Speck

Ein großer Festschmaus, bei dem der Fisch im Ganzen gegart und erst vor den Gästen aufgeschnitten wird. Die Verbindung von Knoblauch, Speck und Fisch finde ich bei diesem Rezept ganz besonders gelungen.

FÜR 6 PERSONEN

1 Lachsfilet (1 1/2 bis 2 kg, geschuppt)
12 Knoblauchzehen
200 g geräucherter Speck
100 ml Kalbsfond (S. 135)
2 Schalotten
1 EL Olivenöl
100 g Crème fraîche
2 EL Sherryessig
Mehl
100 g kalte Butter
Salz, Pfeffer

Den Backofen auf 210 Grad vorheizen. Eine tiefe feuerfeste Platte, die für den Lachs groß genug ist, in den Ofen stellen.

Das Lachsfilet salzen, pfeffern und leicht mit Mehl bestäuben. Den Speck in feine Streifen schneiden.

Das Öl in einer ausreichend großen Pfanne erhitzen und den Lachs darin auf der Fleischseite 2 Minuten braten. Die Knoblauchzehen und den Speck zugeben. Lachs wenden und auf der Hautseite 3 Minuten braten, dann mit der Hautseite nach unten auf die heiße Platte gleiten lassen, mit dem Knoblauch und dem Speck umlegen und 15 Minuten im Backofen braten.

In der Zwischenzeit die Sauce zubereiten: Die Schalotten schälen und fein hacken. Das Öl aus der Pfanne abgießen und die Schalotten und den Essig in die Pfanne geben. Gut verrühren, bis der Essig verdampft ist. Kalbsfond und Crème fraîche angießen und die Sauce einkochen lassen, bis sie schön sämig ist. Mit dem Schneebesen die Butter in kleinen Flöckchen einarbeiten. Die Sauce vom Herd nehmen.

Den Fisch auf einer vorgewärmten Platte anrichten und die Sauce dazu separat in einer Sauciere reichen. Als Beilage zum Lachs paßt Blattspinat mit Butter sehr gut.

bis sie eine schöne goldbraune Farbe haben. Mit einem Schaumlöffel herausheben und einige Minuten auf Küchenpapier abtropfen lassen.
Sofort servieren. Dazu passen fritierte Petersilienzweige und Remouladensauce. Der fritierte Karpfen schmeckt aber auch ohne alle Beilagen sehr gut.

Flußkrebsragout mit Perlgraupen und Kalbskopf

In diesem Rezept werden die gegensätzlichen Aromen von Fluß und Land vereint, der geleeartigen Konsistenz des Kalbskopfes wird der zarte Biß der Krustentiere entgegengesetzt. Es ist eines der beliebtesten Gerichte in der Auberge.

FÜR 4 PERSONEN

1 1/2 kg Flußkrebse (nach Möglichkeit die rotfüßigen Edelkrebse verwenden)
1/4 Kalbskopf (entbeint und zusammengebunden)
200 g Perlgraupen
220 g Knollensellerie
1 l Kalbsfond
1 Flasche roter Bordeaux
200 ml Portwein
2 große Möhren • 1 Lauchstange
4 Petersilienzweige
1 Scheibe Ingwerwurzel • 1 Thymianzweig
1 Lorbeerblatt • 1 Knoblauchzehe
1 EL Szechuan-Pfeffer
2 EL Olivenöl • 220 g Butter
Salz, Pfeffer

ZUM GARNIEREN:
Kerbelblättchen
Schnittlauchröllchen

Die Flußkrebse in kochendes Salzwasser tauchen, dann abgießen, aus den Schalen lösen und dabei die schwarzen Därme entfernen. Köpfe und Schalen aufbewahren.
Die Beilagen zubereiten: Lauch und Möhren schälen und waschen. Die Hälfte davon grob hacken, den Rest in kleine Würfel (Brunoise) schneiden.
Das Ölivenöl in einen Schmortopf geben und die Krebsschalen und -köpfe darin unter Rühren 5 Minuten anbraten. Wein und Portwein zugießen und bei starker Hitze einkochen lassen. Das grobgehackte Gemüse, Petersilie, Ingwer, Thymian, Lorbeerblatt, die Knoblauchzehe und den Szechuan-Pfeffer zugeben und vermischen. Salzen und Kalbsfond zugeben. Den Kalbskopf zufügen, einmal aufkochen lassen, dann zugedeckt bei milder Hitze 2 Stunden köcheln lassen.
Den Kalbskopf herausnehmen, abtropfen und lauwarm abkühlen lassen. Den Kochsud durch ein Sieb in eine Kasserolle abgießen. Wieder auf den Herd stellen und den Sud auf die Hälfte einkochen lassen.
Den Kalbskopf in kleine Würfel schneiden. Die Perlgraupen in einem Topf mit kochendem Salzwasser 25 Minuten kochen, abgie-

ßen. Das in kleine Würfel geschnittene Gemüse in 20 g Butter andünsten.
Wenn die Sauce eingekocht ist, die restliche kalte Butter in kleinen Flöckchen mit dem Schneebesen einarbeiten. Krebsschwänze, Kalbskopfwürfel, Perlgraupen und Brunoise zugeben und bei milder Hitze erwärmen, nicht kochen lassen.
Das Ragout auf vier vorgewärmte Teller verteilen, mit Kerbel und Schnittlauch bestreuen und sehr heiß servieren.

Zanderfilet mit Meerrettich und Gurke

FÜR 6 PERSONEN

3 Zander (je 1 kg)
2 Gurken
1/4 l trockener Weißwein
1/4 l Sahne
40 g frisch geriebener Meerrettich
1 Schalotte • 3 Dillzweige
2 EL Schnittlauchröllchen
2 EL Erdnußöl
200 g Butter
Salz, Pfeffer

Bitten Sie Ihren Fischhändler, die Fische zu schuppen, auszunehmen und zu filetieren.
Die Schalotte schälen und hacken. Zusammen mit dem Wein in eine Kasserolle geben und aufkochen lassen. Den Wein vollständig einkochen lassen, dann die Sahne zugeben und um ein Drittel einkochen lassen. Vom Herd nehmen und den Meerrettich und die Hälfte der Butter mit einem Pürierstab untermixen. Salzen, pfeffern und warm halten, zum Beispiel im Wasserbad.
Die Gurken schälen, der Länge nach halbieren und entkernen. In kleine Stifte schneiden. 50 g Butter in einer Pfanne zerlassen und die Gurkenstifte darin anbräunen. Warm halten.
Das Erdnußöl in einer großen beschichteten Pfanne erhitzen. Die restliche Butter dazugeben und die Zanderfilets darin goldbraun braten: 4 Minuten auf der Hautseite, 2 Minuten auf der Fleischseite. Auf Küchenpapier abtropfen lassen.
Die Meerrettichsauce auf sechs vorgewärmte Teller verteilen und die Zanderfilets daraufgeben. Mit Gurkenstiften und Schnittlauch bestreuen. Mit Dillzweigen garnieren und sofort servieren.

Gebratenes Störfilet auf Sauerkraut mit Kaviarsahne

FÜR 4 PERSONEN

1 Störfilet (500 g)
200 g rohes Sauerkraut
8 mittelgroße Kartoffeln
(mittelfrühe, festkochende Sorte)
50 g Sevruga-Kaviar (Iran)
200 ml gebundene Weißweinsauce (S. 136)
2 Kerbelzweige
6 Schnittlauchhalme
2 EL Olivenöl
150 g Butter
Mehl
Salz, Pfeffer

Die Kartoffeln in einen Kochtopf geben, mit kaltem Wasser bedecken und zum Kochen bringen. Salzen und 15 Minuten kochen lassen. Abgießen und schälen.
Das Störfilet unter fließendem Wasser abwaschen und trockentupfen. Salzen, pfeffern und leicht mit Mehl bestäuben. 50 g Butter in einer Pfanne zerlassen und das Filet darin von jeder Seite 1 Minute braten. Abtropfen lassen, fest in Alufolie einwickeln und 10 Minuten ruhen lassen.
20 g Butter in einer Pfanne zerlassen und das Sauerkraut darin 5 Minuten unter ständigem Rühren anbraten. Zwischendurch salzen und pfeffern.
Die Weißweinsauce erhitzen, vom Herd nehmen und mit dem Schneebesen 50 g Butter einarbeiten. Den Kaviar zugeben und unterrühren.
50 g Butter in einer Pfanne zerlassen und die Kartoffeln darin anbräunen.
Das Sauerkraut auf vier vorgewärmten Tellern kuppelartig anrichten. Auf jede Kuppel etwas Kaviar setzen, die Kartoffeln rundherum legen und auf jeden Teller etwas Sauce gießen. Den Stör aus der Folie wickeln und in vier Scheiben schneiden. Auf den Tellern anrichten und mit Schnittlauchröllchen und Kerbelblättchen bestreuen.

Fleisch

Alles ist gut am Schwein, schrieb Grimod de La Reynière einmal, und die Elsässer verstanden sich schon immer auf die Kunst, Schweinefleisch auf vielfältige Weise zu verfeinern: durch Pökeln, Räuchern und Kochen, in Form von unendlich vielen Wurstvariationen, zahllosen Rezepten einfach zum Genießen... Im Elsaß wurde schon immer viel Fleisch gegessen, insbesondere Schweinefleisch. Es ist die Basis für unser weltweit berühmtestes Gericht, das Sauerkraut, dessen Ursprung bisher nie richtig geklärt werden konnte.

Schweinefleisch darf auch in dem anderen berühmten Elsässer Gericht, dem Baeckeoffa, nicht fehlen. Dieses Gericht, ein Eintopf aus dreierlei Fleisch, der mehrere Stunden mit Weißwein und Kartoffeln schmoren muß, hat eine Geschichte: Es war das traditionelle Essen für den Montag, den Waschtag. Jede Hausfrau brachte die mit ihren Initialen versehene Terrine morgens um halb acht zum Bäcker. Nachdem dieser die letzten Brote aus dem heißen Ofen genommen hatte, stellte er die Terrinen hinein, die dort nun ungefähr vier Stunden zu schmoren hatten. Nachdem die Wäsche fertig war, holten die Hausfrauen die fertige Terrine ab. Auf diese Weise hatten sie, ohne es zu ahnen, den ersten »Take-away-Service« erfunden.

Weinkeller des Hauses Hugel in Riquewihr

Eintopf aus dreierlei Fleisch

Damit dieses Gericht gelingt, benötigt man unbedingt die berühmte irdene Terrine aus Soufflenheim, die speziell für den Baeckeoffa hergestellt wird.

FÜR 8 BIS 10 PERSONEN

400 g Lammschulter
(entbeint und entfettet)
400 g Schweinenacken
(entbeint und entfettet)
400 g mageres Schulterstück vom Rind
3 Schweineschwänze
2 Schweinefüße
1 1/2 kg Kartoffeln (z. B. Primura)
4 Lauchstangen
1 Flasche Riesling
1 Knoblauchzehe • 3 große Zwiebeln
Petersilienzweige
1 Thymianzweig • 1 Lorbeerblatt
25 g Butter
Salz, Pfeffer

ZUM VERSCHLIESSEN DER TERRINE:
200 g Mehl
4 EL Öl

Die Zwiebeln schälen und fein hacken. Das Fleisch in 3 bis 4 cm große Stücke schneiden und zusammen mit den Zwiebeln, der geschälten, ganzen Knoblauchzehe, Thymian, Lorbeerblatt und Petersilie in eine große Schüssel geben. Salzen, pfeffern, den Wein zugießen und alles gut vermischen. Über Nacht durchziehen lassen.
Am nächsten Tag den Ofen auf 175 Grad vorheizen. Die Kartoffeln schälen, waschen und in 3 bis 4 mm dicke Stifte schneiden. Mit Salz und Pfeffer würzen. Den Lauch waschen und in große Stücke schneiden.
Abwechselnd Kartoffeln, Lauch und das abgetropfte Fleisch in eine Terrine schichten. So fortfahren, bis alle Zutaten aufgebraucht sind, dabei mit einer Kartoffelschicht abschließen und den Inhalt fest zusammendrücken.
Den Teig für die Terrine zubereiten: Mehl und Öl miteinander vermischen. Gerade so viel Wasser zugeben, daß ein geschmeidiger, homogener Teig entsteht. Den Rand der Terrine mit dem Teig umlegen und den mit Butter eingefetteten Deckel so daraufsetzen, daß die Terrine hermetisch verschlossen ist. Die Terrine für 4 Stunden in den Backofen stellen.
Wenn der Baeckeoffa fertig ist, den Topf auf den Tisch stellen und heiß servieren. Dazu einen Salat reichen.

Sauerkraut auf Elsässer Art

Dieses Gericht steht sinnbildlich für die elsässische Küche. Die Beilagen variieren von Dorf zu Dorf. Manchmal wird auch das Sauerkraut selbst auf andere Art vergoren, zum Beispiel im Vallée d'Orbey. Dort wird es »kompischt« genannt und wird nicht mit Weiß-, sondern mit Grünkohl zubereitet.

FÜR 8 PERSONEN

1,6 kg rohes Sauerkraut (möglichst von der neuen Ernte)
500 g geräucherter Speck
300 g gepökelter Speck
8 Straßburger Würste
1 geräucherter Schweinebug (Schulter)
2 geräucherte Schweinshaxen
8 Saucisses de Montbéliard (geräucherte Schweinswürste)
1 kg Kartoffeln (z. B. Bintje)
1/2 l trockener Weißwein (Riesling oder Silvaner)
2 mittelgroße Zwiebeln • 1/2 Knoblauchzehe
1 Lorbeerblatt • 2 TL Kümmel
1 EL Wacholderbeeren
1 EL Korianderkörner • 80 g Gänseschmalz

Den geräucherten und den gepökelten Speck am Vorabend in reichlich kaltes Wasser legen. Am nächsten Tag den Speck abgießen und zusammen mit der geräucherten Schweineschulter und den Schweinshaxen in einen großen Schmortopf geben. Gut mit Wasser bedecken und zum Kochen bringen. 2 Stunden leise köcheln lassen, dann vom Herd nehmen und beiseite stellen.

Sauerkraut mehrmals gründlich waschen, in einem Sieb abtropfen lassen und gut ausdrücken.

Den Ofen auf 220 Grad vorheizen. Die Zwiebeln schälen und fein hacken. Das Gänseschmalz in einem großen gußeisernen Topf zerlassen und die Zwiebeln darin 2 Minuten dünsten. Das Sauerkraut dazugeben, etwas salzen und die Gewürze dazugeben. Alles vermischen und den Wein angießen. 1 Liter Fleischsud zufügen, durchmischen und zugedeckt 30 Minuten im Ofen kochen lassen. Den Speck abtropfen lassen, zum Sauerkraut geben und weitere 30 Minuten kochen. Das Sauerkraut soll noch etwas Biß haben.

Die Kartoffeln gründlich waschen, in kaltem Wasser aufsetzen und gar kochen. Die Würste mit einer Gabel ein paar Mal einstechen, damit sie beim Kochen nicht aufplatzen, und in etwas Fleischsud 20 Minuten erhitzen. Beiseite stellen und im Sud warm halten.

Wenn das Sauerkraut fertiggekocht ist, die halbe Knoblauchzehe schälen, durch die Presse drücken und unter das Sauerkraut mischen.

Das Sauerkraut auf eine Servierplatte geben und den in Scheiben geschnittenen Speck, die Schweinshaxen, die Schweineschulter und die Würste kreisförmig rundherum anrichten. Mit den geschälten Kartoffeln garnieren und sofort servieren.

Suppeneintopf auf Elsässer Art

Für mich und viele befreundete Küchenchefs ist das Pot-au-feu das wichtigste Gericht in der französischen Küche und in der Regionalküche. In einem einzigen Topf haben Sie drei Gerichte: eine aromatische Brühe, ein zartes, geleehaltiges Fleisch und herrliches Gemüse. Im Elsaß werden zu Pot-au-feu immer verschiedene Salate gereicht: roher Knollensellerie, Gurken und Möhren sowie gekochte rote Bete.

FÜR 4 PERSONEN

1,3 kg Rinderschulter
1 großer Markknochen (in mehrere Stücke zersägt)
4 große Möhren
500 g Knollensellerie
2 große Lauchstangen
2 große Zwiebeln • 1 Knoblauchzehe
4 Petersilienzweige
1 Thymianzweig • 1 Lorbeerblatt
schwarze Pfefferkörner
grobes Meersalz

Die Rinderschulter in einen Kochtopf legen, mit kaltem Wasser bedecken und erhitzen. 5 Minuten kochen lassen, dann abgießen. Den Markknochen in einen großen Schmortopf legen. Das Fleisch daraufgeben und reichlich mit Wasser bedecken. Etwas salzen und bei schwacher Hitze zum Kochen bringen.
In der Zwischenzeit das Gemüse schälen und waschen. Lauch, Petersilie, Thymian und Lorbeerblatt zu einem Sträußlein zusammenbinden. Alles zusammen mit dem Knoblauch und den Pfefferkörnern nach 20 Minuten in den Schmortopf geben. Noch einmal aufkochen, dann ungefähr 3 Stunden leise köcheln lassen.
Wenn das Fleisch gar ist, aus dem Topf nehmen und in dicke Scheiben schneiden. Auf einer Servierplatte anrichten und rundherum mit Gemüse garnieren.
Servieren Sie als ersten Gang die abgeseihte Brühe, anschließend das Fleisch und das Gemüse. Sie können noch in der Brühe gegarte Kartoffeln und die obengenannten Salate dazu reichen.
Als Beilage zu Pot-au-feu schmeckt auch eine Meerrettichsauce. Hier finden Sie zwei Versionen, wählen Sie die aus, die Ihnen am besten schmeckt.

Kalte Meerrettichsauce:
1/4 l Sahne mit 1 guten Eßlöffel frisch geriebenem Meerrettich verrühren. Ein paar Tropfen Weinessig und etwas Salz und Pfeffer nach Ihrem Geschmack untermischen.

Warme Meerrettichsauce:
Aus 25 g Butter und 2 Eßlöffeln Mehl eine Mehlschwitze zubereiten. 300 ml Brühe vom Pot-au-feu und 1/4 l Sahne unterrühren. Etwa 3 Minuten einkochen lassen, dann 2 Eßlöffel frisch geriebenen Meerrettich untermischen. Abschmecken.

Geschmorte Schweinshaxe mit grünen Linsen

»Wadala« ist die elsässische Bezeichnung für Schweinshaxe, ein besonders schmackhaftes, leicht geräuchertes und gepökeltes Fleisch, das bei uns sehr beliebt ist. Mit Linsen zubereitet und mit Essig gewürzt, schmeckt dieses Gericht noch besser.

FÜR 4 PERSONEN

4 Schweinshaxen (gepökelt und geräuchert)
200 g Speck (gepökelt und geräuchert)
250 g grüne Puy-Linsen
1 große Möhre
1 große Lauchstange • 1 große Zwiebel
220 g Knollensellerie
1 Lorbeerblatt • 1 Thymianzweig
1 Gewürznelke
25 g Butter
Salz, Pfeffer

Die Schweinshaxen und die Linsen am Vorabend in zwei verschiedenen Schüsseln in kaltem Wasser einweichen.
Schweinshaxen am nächsten Tag abgießen und in einen großen Kochtopf legen. Die Zwiebel schälen, mit der Gewürznelke spicken und zusammen mit Thymianzweig und Lorbeerblatt in den Kochtopf geben. Mit Wasser bedecken und zugedeckt 1 1/4 Stunden kochen lassen.
Die Möhre schälen und zusammen mit Sellerie und Lauch in kleine Würfelchen schneiden. Das Gemüse in Butter andünsten und mit Salz und Pfeffer abschmecken. Beiseite stellen.
Die Linsen abgießen und in siedendes Wasser geben. Den Speck zugeben und 30 Minuten kochen lassen. Anschließend abgießen, dabei 200 ml Kochsud auffangen und beiseite stellen.
Linsen in einen Schmortopf geben und die gekochten Schweinshaxen und das gedünstete Gemüse dazugeben. Den Kochsud der Linsen zugeben und noch einmal 10 Minuten bei geringer Hitze schmoren lassen.
Heiß servieren und dazu in einer Sauciere sehr guten alten Weinessig oder noch besser Balsamessig reichen.

Geschmorte Rinderbäckchen mit Spätburgunder

Cognac und Portwein geben diesem köstlichen Gericht eine pikante Note. Am besten fügt man sie erst im letzten Augenblick zu, so bewahren sie ihr volles Aroma. Der französische Kräuterlikör Chartreuse verleiht dem Gericht einen mild-süßen Ton und einen unvergleichlich feinen, würzigen Duft.

FÜR 4 PERSONEN

4 Rinderbäckchen
2 Flaschen Elsässer Pinot noir
400 g Champignons
1 Zwiebel • 2 Möhren
220 g Knollensellerie
1/2 Knoblauchknolle (ungeschält)
1 Thymianzweig • 1 Lorbeerblatt
1 Stück frischer Ingwer
1 EL Tomatenmark
1 EL schwarze Pfefferkörner
1 EL Mehl • 20 g Butter
4 EL Olivenöl • 1 EL Cognac
3 EL Portwein
2 TL Chartreuse verte • Salz

Am Vorabend die Marinade zubereiten: Möhren und Zwiebel schälen, zusammen mit dem Sellerie waschen und in kleine Würfel schneiden. Mit den Rinderbäckchen in eine große Schüssel legen. Thymian, Lorbeerblatt, Knoblauch, Ingwer und Pfefferkörner dazugeben. Wein dazugießen und das Fleisch etwa 12 Stunden durchziehen lassen, zwischendurch ein paar Mal wenden.
Wenn das Fleisch ausreichend mariniert ist, abgießen und trockentupfen. Die Marinade durch ein Sieb abgießen, Gewürze und Gemüse aufbewahren. Backofen auf 160 Grad vorheizen.
Das Öl in einem gußeisernen Schmortopf erhitzen und die Rinderbäckchen darin von allen Seiten goldbraun braten. Das Gemüse und die Gewürze zugeben und alles anbraten. Das Mehl darübersieben und unter Rühren 2 Minuten mitrösten. Wein und Tomatenmark zufügen und zum Kochen bringen. Zugedeckt bei niedriger Hitze 4 Stunden im Ofen schmoren lassen.
Wenn das Fleisch gar ist, abgießen und warm stellen. Den Schmorfond durch ein Sieb gießen und so lange einkochen lassen, bis eine sämige Sauce entstanden ist.
In der Zwischenzeit die Champignons putzen und vierteln. Die Butter in einer Pfanne von 24 cm Durchmesser zerlassen und die Champignons darin dünsten, bis sie goldbraun sind und kein Wasser mehr austritt.
Den eingekochten Schmorfond noch einmal abschmecken. Cognac, Portwein, Chartreuse und die Champignons dazugeben, vermischen und den Topf vom Herd nehmen. Die Rinderbäckchen in Scheiben schneiden und auf einer tiefen Platte anrichten. Mit Sauce überziehen und sofort servieren.
Als Beilage schmecken Kartoffelpüree oder frische Nudeln auf Elsässer Art (S. 103).

Eingelegte weiße Rübchen

Die eingelegten Rüben, auf elsässisch »suri ruawa« genannt, werden mit sehr großen Rüben zubereitet. Diese werden in lange Streifen geschnitten, gesalzen, vergoren und wie Sauerkraut in großen Fässern eingelegt.

FÜR 6 PERSONEN

1,8 kg eingemachte weiße Rübchen
500 g gepökelter Speck
800 g geräucherter Schweinenacken
6 Straßburger Würste
1/4 l Weißwein (z. B. Silvaner)
200 g Zwiebeln
1/2 Knoblauchzehe
1 Lorbeerblatt
150 g Gänseschmalz
1 TL gemahlener Kümmel
10 Wacholderbeeren
Salz, Pfeffer

Den Speck und den Schweinenacken in einen Kochtopf legen, mit kaltem Wasser bedecken und zum Kochen bringen. 1 Stunde leise köcheln lassen, dann abgießen.
Den Backofen auf 210 Grad vorheizen. Die Rüben gründlich abspülen, abtropfen lassen und in einem Küchentuch gut ausdrücken. Die Zwiebeln schälen und in kleine Würfel schneiden.
Das Gänseschmalz in einem gußeisernen Schmortopf zerlassen und die Zwiebeln darin andünsten. Rüben, Wein, Lorbeerblatt, Kümmel, Wacholderbeeren, Salz und Pfeffer dazugeben. Zugedeckt 30 Minuten im Backofen schmoren lassen, dann den Speck und den Schweinenacken zugeben. Zugedeckt noch 1 Stunde schmoren lassen.
Speck und Schweinenacken herausnehmen und warm halten. Die Knoblauchzehe fein hacken und unter die Rübchen mischen. Abschmecken. Die Würste 5 Minuten in siedendheißem Wasser erhitzen, abgießen.
Die Rübchen auf eine große Platte geben. Das Fleisch in Scheiben schneiden und mit den Würsten auf den Rübchen anrichten. Sofort servieren. Als Beilage können Pellkartoffeln gereicht werden.

Geflügel

Auf elsässischen Bauernhöfen findet man ein üppiges Angebot an Puten, Hühnern und Tauben. Am meisten werden bei uns aber Gänse verzehrt. Früher wurden sie in erster Linie wegen des Gänseschmalzes und der Stopfleber gehalten, sie waren aber auch stets hervorragende Hofwächterinnen. Die jüdische Gemeinde hat übrigens sehr viel dazu beigetragen, daß die Gänsezucht bei uns so große Ausmaße angenommen hat.

Jeder Bauernhof hatte früher seinen »Tierhändler«, einen Mann, der sich speziell um den Kauf und Verkauf von Tieren, aber natürlich auch anderer Produkte und Waren kümmerte. Wir waren mit unserem Händler befreundet, und es wurde kein Geschäft abgewickelt, ohne daß es dazu ein vorzügliches Mahl gegeben hätte. Da unser Händler Jude war, bereitete Großmutter immer eine Gans zu. Die Vorbereitungen für dieses Gericht nahmen stets mehrere Tage in Anspruch. So kam er des öfteren wieder zurück, bis er endlich meinem Großvater die Hand schüttelte, was einerseits bedeutete, daß die Sache nun beschlossen sei, andererseits aber auch Freundschaft und gegenseitigen Respekt zum Ausdruck brachte.

Gefüllte Gans mit Maronen

Das ist mein Lieblingsrezept zu Weihnachten. Die gefüllte Gans schmeckt hervorragend mit Rotkohl und Äpfeln oder einfach nur mit sautierten Äpfeln.

FÜR 8 PERSONEN

1 Gans mit Leber (3 kg, ausgenommen)
250 g geschälte Maronen
125 g Schweinekamm (entbeint)
125 g fetter Speck
125 g Kalbsschulter
150 g entrindetes Toastbrot
100 ml Milch
1 Schalotte
1/2 TL Quatre-épices (Gewürzmischung aus Pfeffer, Muskatnuß, Gewürznelke und Zimt, alles fein gemahlen)
1 EL Cognac
2 EL Portwein
20 g Butter
100 g Gänseschmalz
Salz, Pfeffer

Den Backofen auf 200 Grad vorheizen. Das Toastbrot in Scheiben schneiden und in der Milch einweichen. Die Schalotte schälen und mit der Butter in einer kleinen Pfanne andünsten.

Schweinekamm, Speck, Kalbfleisch und die geputzte Gänseleber durch den Fleischwolf drehen. Das abgetropfte und mit den Händen ausgedrückte Toastbrot zugeben, ebenso die Schalotte, den Cognac, den Portwein und die Gewürzmischung. Salzen, pfeffern und gut vermischen.

Die Maronen unter diese Farce mischen und die Gans damit füllen. Die Öffnungen mit weißem Küchengarn zunähen. Die Gans mit Gänseschmalz bestreichen und in eine feuerfeste Reine legen. 2 Stunden im Ofen braten, dabei immer wieder mit dem ausgetretenen Bratensaft beträufeln, der sich in der Reine ansammelt.

Wenn die Gans gar ist, auf einer Servierplatte anrichten. Den Bratensaft entfetten und durch ein Sieb abgießen. In eine Sauciere füllen.

Die Gans am Tisch zerlegen und jedem Gast ein Stück Gans und etwas von der Füllung servieren. Mit der Sauce beträufeln.

So wurde früher gelesen. Die Tragkörbe und Gärbottiche aus Holz sind heute nicht mehr im Einsatz

Taubenkoteletts mit Wirsing und Trüffeln

Ein besonders raffiniertes, jedoch einfach nachzuvollziehendes Rezept. Taube, Wirsing und Trüffel gehen hier auf äußerst verführerische Weise eine Verbindung ein.

FÜR 4 PERSONEN

4 Taubenbrüste (ohne Knochen)
4 Taubenkeulen
2 TL Cognac
2 EL Portwein
1/4 l Geflügelfond (S. 135)
12 Wirsingblätter
80 g Gänsestopfleber
4 Trüffelscheiben
180 g Schweinenetz
1 EL Erdnußöl
Salz, Pfeffer

FÜR DIE FARCE:
100 g Geflügelfleisch
50 g Schweinekamm (entbeint)
100 g fetter Speck
20 g Gänsestopfleber
50 g Geflügelleber
1 Ei
1 EL Portwein
1 EL Cognac
1 EL Trüffelsaft (von eingelegten Trüffeln)
Salz, Pfeffer

Die Taubenbrüste in einen tiefen Teller legen und mit Cognac und Portwein beträufeln. Salzen, pfeffern und 20 Minuten durchziehen lassen.

Den Geflügelfond in einer Bratpfanne zum Kochen bringen und die Taubenkeulen zugeben. Zugedeckt 10 Minuten bei niedriger Hitze schmoren, dann abkühlen lassen.

Die Farce zubereiten: Geflügel- und Schweinefleisch, Speck und die geputzten Lebern durch den Fleischwolf drehen. Portwein, Cognac, Trüffelsaft, Ei, Salz und Pfeffer zugeben und alles gut vermischen.

Den Backofen auf 210 Grad vorheizen. Eine ofenfeste Form, die für die vier Taubenbrüste gerade groß genug ist, leicht einfetten. Das Schweinenetz in reichlich kaltem Wasser einweichen, dann in vier Stücke teilen.

Die Wirsingblätter in kochendem Salzwasser 2 Minuten blanchieren, dann in eiskaltem Wasser abschrecken und trockentupfen.

Die Koteletts herstellen: Jede Keule mit einem Stück Stopfleber belegen und darauf eine Trüffelscheibe setzen. Nun das Ganze mit der Taubenbrust umwickeln, anschließend in ein Wirsingblatt einschlagen und mit der Farce bestreichen. Die so entstandenen Koteletts in Schweinenetz einschlagen. Die Koteletts in die gefettete Form setzen und 13 Minuten im Ofen garen. Den Ofen ausschalten und die Koteletts noch 10 Minuten darin ruhen lassen.

Die Taubenkoteletts heiß mit Trüffelsauce servieren. Den Wirsing in feine Streifen schneiden, in Butter dünsten und als Beilage reichen.

Hähnchen in Riesling

FÜR 4 PERSONEN

1 Hähnchen (1,4 kg, ausgenommen und über offener Flamme abgeflämmt)
1/2 Flasche Riesling
2 Schalotten
500 g Champignons
1 l Geflügelfond (S. 135)
1/4 l Sahne
2 EL Erdnußöl
200 g Butter
Mehl
Salz, Pfeffer

Das Hähnchen in acht Stücke teilen, dabei die Knochen an der Brust lassen und die Keulen halbieren. Alle acht Teile salzen, pfeffern und in Mehl wenden. Die Schalotten schälen und hacken.
Das Öl in einer Bratpfanne von 28 cm Durchmesser erhitzen und 20 g Butter zugeben. Die Geflügelteile darin goldbraun anbraten, dann die Schalotten zugeben und alles miteinander vermischen. Wein und Geflügelfond zugießen, zum Kochen bringen und zugedeckt 30 Minuten bei geringer Hitze schmoren lassen.
In der Zwischenzeit die Champignons putzen, waschen und trockentupfen. 50 g Butter in einer großen Pfanne zerlassen und die Champignons darin 5 bis 6 Minuten bei starker Hitze goldbraun braten. Salzen und pfeffern. Den austretenden Saft von den Champignons auffangen und zum Geflügel in die Pfanne geben.
Wenn das Hähnchen gar ist, abgießen und die Geflügelteile auf einer Servierplatte beiseite stellen. Bratenfond bei großer Hitze zur Hälfte einkochen lassen, dann die Sahne zugeben. Weitere 5 Minuten bei großer Hitze einkochen lassen, vom Herd nehmen und unter Rühren mit dem Schneebesen die restliche Butter einarbeiten. Hähnchen und Champignons in die Sauce geben und bei geringer Hitze noch einmal erwärmen.
Sofort servieren. Als Beilage frische Nudeln auf Elsässer Art reichen (S. 103).

Gänseeintopf mit gefülltem Wirsing und Trüffelbutter

Ein großer Klassiker in unserem Restaurant. Ich liebe den Duft von Trüffeln – sie veredeln Geflügel und einfaches Gemüse.

FÜR 6 PERSONEN

1 Gans mit Innereien (3 kg, über offenem Feuer abgeflämmt, ausgenommen)
3 l Geflügelfond (S. 135)
600 g Möhren
500 g weiße Rübchen
500 g Knollensellerie
2 Lauchstangen (nur das Weiße verwenden)

1 Kräutersträußchen (1 Thymianzweig, 1 Lorbeerblatt, einige Petersilienzweige)
1 Wirsing

FÜR DIE FARCE:
100 g Schweinekamm (entbeint)
80 g fetter Speck
die Leber von der Gans
75 g geriebenes entrindetes Toastbrot
50 ml Milch
1 Schalotte
1 Ei
1 EL feingeschnittene glatte Petersilie
20 g Butter
Salz, Pfeffer

FÜR DIE TRÜFFELBUTTER:
40 g frische Trüffeln
150 g kalte Butter

Die Gans bratfertig binden und in einen großen Kochtopf legen. Den Geflügelfond zugießen und bei niedriger Hitze zum Kochen bringen. Kräutersträußchen, Salz und Pfeffer dazugeben und 2 1/2 Stunden leise köcheln lassen.
Die Farce zubereiten: Das Toastbrot in der Milch einweichen. Die Schalotte schälen und in einer kleinen Pfanne kurz in Butter anschwitzen.
Schweinefleisch, Speck und die geputzte Leber durch den Fleischwolf drehen. Das gut ausgedrückte Toastbrot, die Schalotte, das Ei und die Petersilie dazugeben. Salzen, pfeffern und alles gut vermischen.
Die Blätter vom Wirsing ablösen, die großen Blätter 2 Minuten in kochendem Salzwasser blanchieren. Unter fließendem kaltem Wasser abschrecken und trockentupfen. Aus der Farce zwischen den beiden Handflächen kleine Bällchen formen und jedes Bällchen in ein Wirsingblatt einhüllen.
Das Gemüse zubereiten: Möhren und weiße Rübchen schälen, Lauchstangen putzen und zusammen mit dem Knollensellerie waschen. Aus Möhren, Rübchen und Sellerie mit dem Kugelausstecher olivengroße Bällchen ausstechen.
Wenn die Gans fertiggegart ist, 1 Liter Gänsebrühe in eine Stielkasserolle gießen. Die Möhren zugeben und 15 Minuten kochen lassen. Dann den Lauch zufügen und 10 Minuten garen. Nun den Sellerie zufügen und weitere 10 Minuten kochen lassen. Zum Schluß die weißen Rübchen zugeben und noch 5 Minuten kochen lassen. Das Gemüse in der heißen Brühe beiseite stellen.
Den Backofen auf 230 Grad vorheizen. Die gefüllten Wirsingblätter in eine ofenfeste Form setzen, die groß genug ist, daß alle Wirsingbällchen nebeneinander Platz haben. Mit so viel Brühe aufgießen, bis die Wirsingbällchen zur Hälfte davon bedeckt sind. In den heißen Ofen schieben und 20 Minuten kochen lassen.
In der Zwischenzeit die Trüffelbutter zubereiten: 1/4 Liter heiße Gänsebrühe in eine Rührschüssel geben. Nach und nach die kalte Butter und die Trüffeln zugeben und so lange mixen, bis eine sämige Sauce entstanden ist. In eine Sauciere füllen.
Die Gans auf einer großen Platte mit dem Gemüse und den Wirsingbällchen anrichten. Die Sauce getrennt dazu reichen.

Wild und Wildgeflügel

Das Elsaß ist reich an allen Wildarten. In der Ebene findet man zahlreiches Kleinwild, in den Vogesen trifft man allerorten auf Großwild: auf Hirsch, Reh, Wildschwein und sogar Gemsen.

Ich liebe die Jagd – seit meiner frühesten Jugend war ich umgeben von Jägern und Wildhütern. Georges Ittel, mein Großvater mütterlicherseits, war ein großer Jäger, der seine Kunst verstand und Achtung vor dem Wild hatte. Er erlegte das Wild nur, wenn dafür ein guter Grund vorlag, und er zielte äußerst präzise. Er brachte Rebhühner, Fasane und Hasen mit nach Hause, und Großmutter bereitete sie in ihrem großen Schmortopf auf dem alten holzgefeuerten Herd zu. Mmh, der Duft durchströmte das ganze Haus ... Auch andere Menschen haben meine Jugend entscheidend geprägt. Zum Beispiel Xavier, der Wildhüter von Joseph Molteni, der im Departement Drôme Herde herstellt und sich in unser Dorf verliebt hat. In den Schulferien begleitete ich Xavier in den Wald, und er erzählte mir unglaubliche Geschichten, an die ich mich noch heute erinnere. Als ich noch ein kleiner Junge war, hatte ich das Glück, Jean und Pierre Troisgros, Paul Bocuse, Raymond Oliver und Pierre Laporte auf die Jagd zu begleiten ... In Illhaeusern ging ich mit Henri Pescarolo und seinem Bruder auf Entenjagd.

Heute gehe ich jedoch nicht mehr auf die Jagd, ich denke, dieser Zeitvertreib würde meine Arbeit zu sehr in den Hintergrund drängen. Außerdem stören mich einige Jagdarten, die dem Wild keine Chance lassen. Ab und zu kommt es vor, daß ich mich mit meinen Freunden, den Wildhütern Roger Loux und Jacques Gander, zur Jagd aufmache. Und vor einigen Jahren hatten wir mit meinen Kochfreunden Bernard Loiseau, Jean-Marie Amat, Alain Dutournier und Jacques Maximin eine große Jagdpartie organisiert.

Gebratener Fasan »Smettana«

»Smettana« ist die russische Bezeichnung für saure Sahne, die bei einem echten Borschtsch nicht fehlen darf. Durch die Sahne wird das eher trockene Fleisch des Fasans mürbe. Einen jungen Fasan erkennen Sie am Sporn: Er muß rund sein und darf nicht weit hervorstehen.

FÜR 4 PERSONEN

2 junge Fasane
500 g Pfifferlinge
1/2 l saure Sahne oder Crème fraîche
100 ml Portwein
1 Schalotte
200 ml Öl
100 g Butter
2 EL Erdnußöl
1 EL feingeschnittener Schnittlauch
Salz, Pfeffer

Die Fasane rupfen, ausweiden, über offenem Feuer abflämmen und bratfertig in Form binden. Salzen und pfeffern.
Den Backofen auf 210 Grad vorheizen. Das Öl in einem Schmortopf, der für beide Fasane groß genug ist, erhitzen. 20 g Butter dazugeben. Die Fasane im Fett wenden.
Den Schmortopf in den heißen Ofen schieben und die Fasane in 20 Minuten goldbraun braten.
In der Zwischenzeit die Schalotte schälen und hacken. Zusammen mit dem Portwein und der sauren Sahne nach 20 Minuten Bratzeit zu den Fasanen geben. Weitere 30 Minuten braten.
In der Zwischenzeit die Pfifferlinge putzen, waschen und trockentupfen. In 20 g Butter goldbraun braten, abtropfen lassen und den Bratsaft auffangen.
Wenn die Fasane gar sind, aus dem Schmortopf nehmen und im Ofen warm halten. Bratenfond im Schmortopf zum Kochen bringen und den Bratsaft der Pfifferlinge zugeben. So lange rühren, bis eine sämige Sauce entstanden ist. Vom Herd nehmen und die restliche kalte Butter unter ständigem Rühren mit dem Schneebesen einarbeiten.
Die Fasane mit der Sauce überziehen, die Pfifferlinge rundherum anrichten und sofort servieren. Als Beilage frische Nudeln oder Spätzle auf Elsässer Art (S. 102) reichen.

Sonnenuntergang über den Weinbergen von Riquewihr

Pot-au-feu vom Wild mit würzigem Quitten-Apfel-Kompott

Dieses Rezept vereint das Aroma aller Arten von Wild mit der sanften Säure von gewürztem Kompott.

FÜR 10 PERSONEN

1 Rebhuhn • 1 Fasan • 1 Stockente
1 Rehkarree • 1 Hase
1 Krick- oder Knäkente
1 kg geräucherter Speck
2 Saucisse de Morteau (Schweinekochwurst)
750 ml kräftiger Rotwein
1 Knollensellerie (800 g)
4 große Zwiebeln • 1 Knoblauchknolle
4 dicke Scheiben frischer Ingwer
1 EL Wacholderbeeren
1 Lorbeerblatt • 1 Thymianzweig
2 EL Erdnußöl • Salz, Pfeffer

FÜR DAS KOMPOTT:
1 kg Quitten • 1 kg Boskop-Äpfel
1 EL Kümmel • 1 EL Korianderkörner
1 EL schwarze Pfefferkörner
50 g Zucker • 2 EL Olivenöl

ZUM ANRICHTEN:
2 kg geputzter Mangold • 3 EL Olivenöl

Das Wild vorbereiten: Das Geflügel rupfen, den Hasen abziehen. Das bratfertige Geflügel in Form binden, übriges Wild in große Viertel teilen. Das Öl in einer Pfanne erhitzen und die Hasenviertel darin von beiden Seiten goldbraun anbraten. Salzen und pfeffern, herausnehmen und abtropfen lassen.
Das Geflügel und den Hasen in einen großen Kochtopf legen, den Wein zugießen und mit so viel Wasser auffüllen, daß Geflügel und Hase damit bedeckt sind. Zum Kochen bringen und ungefähr 10 Minuten kochen lassen. Zwischendurch abschäumen. Thymian, Lorbeerblatt, die ganze, quer halbierte Knoblauchknolle, Ingwer, Wacholderbeeren und Speck zugeben. Die Zwiebeln und den Knollensellerie schälen, den Sellerie vierteln. Zwiebeln und Sellerie in den Kochtopf geben und alles 80 Minuten leise köcheln lassen. Rebhuhn und Krick- oder Knäkente nach 45 Minuten herausnehmen.
Das Kompott zubereiten: Kümmel, Korianderkörner, Wacholderbeeren und Pfefferkörner in ein kleines Mulltuch binden. Quitten und Äpfel schälen, Kerngehäuse entfernen und die Früchte vierteln. Das Öl in einem großen Schmortopf erhitzen und die Fruchtviertel darin kurz andünsten. Zucker und Gewürzsäckchen zugeben, alles vermischen und 100 ml Wasser zugießen. Zugedeckt 30 Minuten bei geringer Hitze schmoren, bis die Früchte schön weich sind. Dabei von Zeit zu Zeit umrühren. Nun das Gewürzsäckchen entfernen und die Früchte so lange mixen, bis ein feines Kompott entstanden ist. Beiseite stellen.
Nach 80 Minuten die Stockente und den Fasan aus dem Kochtopf nehmen. Rehkarree und die Würste zugeben, die Würste zuvor

Winzerschild in Riquewihr

PREISS-ZIMMER
GOURMET VITICULTEUR
42
COUR DES
VIGNERONS

mehrere Male mit einer Gabel einstechen. Weitere 30 Minuten kochen lassen.
Nun den Hasen, den Speck, das Reh und die Würste abgießen. Zusammen mit dem anderen Wild und Geflügel warm halten.
Kochfond so weit einkochen lassen, daß noch etwa 1 Liter sirupartiger Fond übrig bleibt. Durch ein Sieb gießen und in einer Stielkasserolle noch einmal zum Kochen bringen. Vom Herd nehmen und die Butter unter ständigem Rühren mit dem Schneebesen einarbeiten, bis eine sämige Sauce entstanden ist.
Wild und Wildgeflügel auf einer großen Platte anrichten, Sauce und Kompott separat dazu reichen.
Als Beilage frische Nudeln und Mangold servieren. Den Mangold dafür in Olivenöl andünsten, salzen und pfeffern.

Gedämpftes Rehfilet mit Wirsing

FÜR 4 PERSONEN

1 Rehfilet (1,2 kg)
1 Wirsing (1 kg) • 800 g Pfifferlinge
1/4 l Sahne • 100 g kalte Butter
5 EL Portwein • 2 EL Cognac
2 EL Chartreuse verte (Kräuterlikör)
1 Ei • 2 Kerbelzweige
1 EL feingeschnittene Petersilie
Salz, Pfeffer

Das Rehfilet so parieren, daß das Fleisch eine schöne runde Form hat. Mit 1 Teelöffel Chartreuse und je 1 Eßlöffel Cognac und Portwein beträufeln. Bei Zimmertemperatur 2 Stunden durchziehen lassen.
In der Zwischenzeit die Fleischabfälle durch den Fleischwolf drehen und in eine Rührschüssel geben. Mit dem Pürierstab 1 Eßlöffel Cognac, 3 Eßlöffel Portwein, 2 Teelöffel Chartreuse und die Sahne untermischen. Salzen und pfeffern und so lange mit dem Pürierstab durchrühren, bis eine feine Schaummasse entstanden ist. Kühl stellen.
Die zartgrünen Blätter vom Wirsing herausschneiden und 1 Minute in kochendem Salzwasser blanchieren. Unter fließendem kalten Wasser abschrecken und trockentupfen.
Das marinierte Rehfilet trockentupfen. Auf der Arbeitsplatte eine Bratfolie ausbreiten. Die Wirsingblätter darauf auslegen und so überlappen lassen, daß ein Rechteck entsteht, das so lang wie das Rehfilet ist und so breit, daß das Filet damit eingewickelt werden kann. Die Schaummasse auf die Blätter streichen und das Rehfilet in die Mitte legen. Mit Hilfe der Folie zu einer festen Rolle wickeln. Die Rolle in ein zweites Stück Bratfolie wickeln.
Das Filet in den Dämpfeinsatz des Kochtopfs legen und 10 Minuten über kochendem Wasser garen. Den Topf vom Herd nehmen und das Fleisch weitere 10 Minuten im heißen Topf nachgaren lassen. So wird das Fleisch schön zartrosa.
In der Zwischenzeit die Pfifferlinge putzen, waschen und trockentupfen. Mit 25 g Butter in einer Pfanne dünsten, mit Salz und Pfeffer

abschmecken. In einem Sieb abgießen und den Bratsaft auffangen.
Die Sauce zubereiten: Den Bratsaft der Pfifferlinge in einer kleinen Stielkasserolle erhitzen. Vom Herd nehmen und die restliche Butter unter Rühren mit dem Schneebesen einarbeiten, bis eine sämige Sauce entstanden ist. Den Rest von Portwein und Chartreuse zugeben, salzen und pfeffern.
Das Rehfilet aus der Folie wickeln, den ausgetretenen Fleischsaft zur Sauce gießen. Das Filet in 1 cm dicke Scheiben schneiden und auf vier vorgewärmten Tellern anrichten. Die Pfifferlinge in die Tellermitte setzen, mit der Sauce überziehen und mit Kerbel und Petersilie garnieren. Sofort servieren.
Als Beilage Spätzle auf Elsässer Art (S. 102) reichen.

Hasenrücken und -keulen mit Rotkohl und Renetten

FÜR 4 PERSONEN

1 Hasenrücken mit Keulen (in einem Stück)
200 ml Wildfond (S. 135)
200 ml kräftiger Rotwein • 200 ml Portwein
250 g Knollensellerie
2 mittelgroße Zwiebeln • 1 Möhre
4 Knoblauchzehen • 1 Thymianzweig
4 Wacholderbeeren
1 EL schwarze Pfefferkörner
1 Stückchen Bitterschokolade
150 g Butter • 1 EL Olivenöl • Salz

FÜR DEN KOHL:

1 kleiner Rotkohl (800 g)
4 Renetten • 2 mittelgroße Zwiebeln
4 EL Rotweinessig • 1 EL Zucker
2 EL Gänseschmalz • Salz

Elsässer Grauburgunder: ein alter Tokay

Den Rotkohl am Vorabend in dicke Streifen schneiden und zusammen mit dem Essig, dem Zucker und 4 Prisen Salz in eine große Salatschüssel geben. Gut vermischen und durchziehen lassen.
Am nächsten Tag den Backofen auf 200 Grad vorheizen. Den Kohl abgießen, er hat viel Wasser gezogen. Die Zwiebeln schälen und fein hacken. Das Gänseschmalz in einem großen Schmortopf zerlassen und die Zwiebeln darin andünsten. Den Kohl zugeben, gut vermischen und mit 200 ml Wasser aufgießen. Zugedeckt in den Ofen stellen und 1 Stunde kochen lassen. Kurz vor dem Ende der Kochzeit die Äpfel schälen, vierteln und die Kerngehäuse entfernen. Die Apfelviertel auf den Rotkohl setzen und zugedeckt weitere 15 Minuten im Ofen garen.
Wenn der Kohl fertiggegart ist, den Schmortopf herausnehmen und die Ofentemperatur auf 250 Grad erhöhen.
Das Hasenfleisch waschen und trockentupfen. Salzen und pfeffern. Das Öl in einen Bräter geben, der für den Hasenbraten groß genug ist. 20 g Butter in kleinen Flöckchen zugeben. Den Hasen darin wenden. Den Bräter in den heißen Ofen stellen und das

Fleisch 15 Minuten braten. In der Zwischenzeit Zwiebeln, Möhre und Sellerie schälen und in kleine Würfel schneiden.
Wenn der Hase fertiggebraten ist, auf eine Servierplatte geben und im ausgeschalteten Ofen warm halten.
Den Bratenfond im Bräter auf dem Herd bei geringer Hitze erwärmen und das Gemüse zugeben. Unter ständigem Rühren anschwitzen, die ganzen Knoblauchzehen, Thymianzweig, Wacholderbeeren und Pfefferkörner zugeben. Mit Portwein und Rotwein ablöschen und auf die Hälfte einkochen lassen. Den Wildfond zugießen und weitere 45 Minuten kochen, bis eine sirupartige Flüssigkeit entstanden ist. Durch ein Sieb in eine Stielkasserolle gießen und bei mäßiger Hitze erwärmen. Schokolade zugeben und unterrühren. Vom Herd nehmen und die restliche Butter unter Rühren mit dem Schneebesen einarbeiten, bis eine sämige Sauce entstanden ist.
Den Hasenbraten mit der Sauce überziehen. Rotkohl und Äpfel miteinander vermischen und alles sofort servieren.

Glasierte Stockente mit Gewürzen

Von meinen Reisen habe ich viele Gewürze und Sojasaucen mit nach Hause gebracht. Ich liebe den exotischen Geschmack, den sie der Stockente verleihen.

FÜR 4 PERSONEN

2 Stockenten (gerupft, ausgenommen und bratfertig zusammengebunden)
150 g Akazienhonig
1 EL Sojasauce
2 EL trockener Sherry
30 g Szechuan-Pfeffer
30 g Korianderkörner • 10 g Kümmel
4 grüne Kardamomschoten
2 Knoblauchzehen • Salz

Szechuan-Pfeffer, Koriander, Kümmel und Kardamom in der Küchenmaschine zu feinem Pulver mahlen. Die gemahlenen Gewürze mit Honig, Sojasauce und Sherry vermischen. Die geschälten ganzen Knoblauchzehen zugeben.
Den Backofen auf 210 Grad vorheizen. Die Enten innen und außen salzen und rundherum mit einem Pinsel mit dem Gewürzhonig bestreichen, dabei ungefähr 2 Eßlöffel von der Mischung zurückbehalten.
Die Enten in eine ofenfeste Form geben und im heißen Ofen 20 Minuten braten, bis sie schön goldbraun sind. Die Enten aus dem Ofen nehmen und 15 Minuten ruhen lassen. Nun die Enten mit dem restlichen Gewürzhonig bestreichen und noch einmal für etwa 10 Minuten in den Ofen schieben.
Enten zerlegen und auf einer vorgewärmten Platte anrichten. Die Brüste fächerförmig aufschneiden.
Als Beilage Rotkohl mit Feigen (S. 103) und Mais-Galettes servieren (S. 104).

noch 1 Minute kochen. Abgießen und in kaltem Wasser abschrecken.
Vor dem Servieren noch einmal für 1/2 Minute in kochendes Wasser tauchen, abgießen und mit zerlassener Butter vermischen.

Mais-Getreide-Plätzchen

FÜR 4 PERSONEN

250 g Mais (aus der Dose)
50 g Wildreis (30 Minuten in Wasser gekocht)
50 g Perlgraupen (30 Minuten in Wasser gekocht)
50 g Grünkern (1 1/2 Stunden in Wasser gekocht)
3 Eier • 3 EL Mehl
4 EL Erdnußöl
Salz

Den Mais abgießen und 200 g davon in eine Rührschüssel geben. Eier, Mehl und Salz zufügen und 1 1/2 Minuten mixen, bis ein feines Püree entstanden ist. In eine große Schüssel füllen. Den restlichen Mais und das Getreide zugeben und alles gut vermischen.
Das Öl in einer beschichteten Pfanne erhitzen. Mit dem Löffel kleine Plätzchen von 6 cm Durchmesser formen und von beiden Seiten ungefähr 3 Minuten goldbraun braten. Zum Abtropfen auf Küchenpapier legen. Heiß servieren.

Kartoffelplätzchen

Dieses ursprünglich jüdische Rezept aus dem Unterelsaß ist schon lange in die traditionelle elsässische Regionalküche eingegangen. Sie werden auch »Grumberakiachla« genannt. Die leckeren Kartoffelplätzchen passen hervorragend zu Reh oder Rind. Einfach nur mit einem Salat serviert, wird daraus eine herrliche kleine Mahlzeit.

FÜR 4 PERSONEN

800 g mehligkochende Kartoffeln (z. B. Charlotte)
120 g feingeschnittene Petersilie
2 Eier • 1 Eigelb
20 g Mehl • 100 g Zwiebeln
15 g frisch geriebener Ingwer
4 EL Erdnußöl
4 Msp gemahlene Muskatnuß
Salz, Pfeffer

Kartoffeln und Zwiebeln schälen. Auf einer Reibe für Streichholzkartoffeln fein reiben. Ingwer, Petersilie, Eier, Eigelb und Muskat zugeben. Salzen und pfeffern und alles gut vermischen.
Das Öl in einer beschichteten Pfanne erhitzen. Mit Hilfe eines Eßlöffels den Teig in Form von kleinen Plätzchen in das heiße Fett geben. Auf beiden Seiten in 5 Minuten goldbraun braten. Auf Küchenpapier abtropfen lassen und heiß servieren.

Desserts und Gebäck

Desserts sind im Elsaß – vielleicht noch mehr als in anderen Regionen – an bestimmte Feste gebunden. Am Neujahrsmorgen schenken Patenonkel und Patentanten ihren Patenkindern große gezuckerte Hefebrezeln. Außerdem wird am 1. Januar ein Kuchen in einer Fischform gebacken. Diese Kuchenform wird auch für Ostern und Weihnachten verwendet. Zum Fest der Erscheinung des Herrn kauft man eine »Galette«, einen flachen, runden Kuchen aus Hefe- oder Blätterteig. Noch beliebter ist an diesem Tag allerdings ein in Form einer Lilie gebackener Gugelhupf – als Zeichen der Treue zu den Königen Frankreichs. An Lichtmeß duftet es an allen Ecken nach den verschiedensten Sorten von Crêpes und vor allem nach »Oublies«: dicke, mit Zitronenschale und Orangenblütenwasser aromatisierte Crêpes. Zu Karneval und in der Fastenzeit verzehrt man vielerlei Beignets. Zu Ostern gibt es natürlich große Schokoladeneier, sie sind mit kleinen Schokoladenfischen gefüllt, aber auch in Lammform gebackenen Biskuit, der mit Puderzucker bestäubt oder mit Guß überzogen wird. Daneben kommt auch noch der »Osterflad« auf den Tisch, ein Grießkuchen mit Safran. Am 1. Mai, wenn die Natur erwacht, erscheinen dann die Schokoladenmaikäfer. Der Nikolaustag gehört den Kindern: Sie bekommen Nikolause aus Lebkuchen. Und schon bald darauf werden Plätzchen zubereitet, die man an Weihnachten knabbert, zum Beispiel die leckeren »Bredala«, die an den Tannenbaum gehängt werden. Nicht zu vergessen all die vielen Familienfeste, die der Anlaß für die verschiedensten Desserts sind.

Marc Haeberlin

Gefüllte Fastnachtsküchlein

Von Januar bis Ende Februar kann man diese leckeren »Fasanachtskiechla« genießen. Sie werden auch »Berliner« genannt und sind oft mit Himbeer- oder Hagebuttenmarmelade gefüllt.

FÜR 6 PERSONEN

250 g Mehl
150 ml Milch
50 g Zucker
10 g frische Hefe
1 Ei, 1 Eigelb
1 EL Rum
1 Prise Salz
1 l Erdnußöl zum Backen

ZUM ANRICHTEN:
150 g Hagebuttenmarmelade
80 g Zucker
1 TL gemahlener Zimt

Hefe und lauwarme Milch in ein Glas geben und an einem warmen Ort gehen lassen.
Das Mehl in eine Schüssel sieben. Ei, Eigelb, Zucker, Rum und Salz zugeben. Die aufgegangene Hefe hinzufügen und alles miteinander vermengen, bis ein weicher homogener Teig entstanden ist. Den Teig zugedeckt an einem warmen Ort etwa 30 Minuten gehen lassen.
Nun den Teig nochmals kräftig durchkneten und 1 cm dick ausrollen. Mit einer Form 8 cm große Kreise ausstechen. Auf ein Brett legen und weitere 30 Minuten gehen lassen.
Das Öl in einer Friteuse auf 170 Grad erhitzen. Die Küchlein ins heiße Fett geben und von jeder Seite 3 bis 4 Minuten ausbacken.
Mit einem Schaumlöffel herausheben, das Öl abtropfen lassen und die Küchlein mit einem Küchentuch trockentupfen.
Mit Hilfe eines Spritzbeutels die Küchlein mit Marmelade füllen. Den Zucker mit Zimt vermischen und die Fastnachtsküchlein darin wenden.
Fastnachtsküchlein schmecken am besten lauwarm. Sie sollten deshalb nicht länger als einen Tag aufbewahrt werden.

Hefekeulchen

Wörtlich übersetzt heißt »Schankala« soviel wie »Schenkel«. Dieses Gebäck bereiteten junge Mädchen ihren Geliebten in der Fastenzeit zu.

FÜR 6 PERSONEN

220 g Mehl • 80 g Zucker
1 ganzes Ei • 1 Eigelb
100 ml Sahne
1 TL Trockenhefe • 1 Msp Salz
1 l Erdnußöl zum Ausbacken

ZUM SERVIEREN:
80 g Zucker
1 EL gemahlener Zimt

Das Mehl mit der Hefe in eine Schüssel sieben. Zucker, Sahne, Ei, Eigelb und Salz zufügen und alles zunächst mit einem Holzspatel, dann mit den Händen kräftig durcharbeiten, bis ein weicher homogener Teig entstanden ist.
Den Teig auf der leicht bemehlten Arbeitsplatte 4 mm dick ausrollen. Mit einem Teigrädchen 4 cm große Quadrate ausschneiden. Das Öl in einer Friteuse auf 170 Grad erhitzen. Die Teigstückchen hineingeben und von jeder Seite 1 bis 2 Minuten ausbacken. Mit einem Schaumlöffel herausheben und auf Küchenpapier abtropfen lassen. Den Zucker mit dem Zimt vermischen und die »Schankala« darin wenden.
Noch lauwarm oder zimmerwarm servieren.

Zimtkuchen

Die »Bredala«, leckere kleine Kuchen, werden im Elsaß auch »Zimmetkuchen« genannt und sind eine weihnachtliche Spezialität.

FÜR 6 PERSONEN

FÜR DEN TEIG:
375 g Mehl
125 g weiche Butter • 125 g Zucker
1 Päckchen Vanillezucker • 1 Ei
Butter für die Form

ZUM SERVIEREN:
50 g Zucker
1/2 TL gemahlener Zimt

Den Backofen auf 200 Grad vorheizen. Das Mehl in eine Schüssel sieben und Ei, Zucker, Vanillezucker und Butter zugeben. Zunächst mit dem Holzspatel, dann mit den Händen gut durcharbeiten, bis ein glatter homogener Teig entstanden ist.
Ein Backblech mit Butter einfetten und den Teig mit den Händen darauf verteilen. Den Zimt mit 25 g Zucker vermischen und die Teigoberfläche damit bestreuen. Mit einer Gabel Rillen in den Teig ziehen. Im Ofen 15 Minuten backen. Den Kuchen herausnehmen, in Rechtecke oder Rauten schneiden und mit dem restlichen Zucker bestreuen. Auf einem Kuchengitter abkühlen lassen.
In einer Dose aufbewahrt, halten sich die Zimtkuchen längere Zeit.

Gugelhupf

FÜR 8 PERSONEN

FÜR DEN TEIG:
240 ml Milch
15 g Hefe
600 g Mehl • 10 g Salz
125 g Zucker
3 Eier
120 ml Milch
200 g weiche Butter

ZUM FERTIGSTELLEN:
einige ganze Mandeln
100 g Sultaninen
etwas Kirschwasser
Puderzucker

Für den Vorteig die Hefe in 120 ml lauwarmer Milch auflösen, dann 200 g Mehl untermischen, so daß ein dicker Teig entsteht. An einem warmen Ort zugedeckt 30 Minuten gehen lassen.
Die Sultaninen in etwas Kirschwasser einlegen.
Das restliche Mehl in eine Schüssel sieben. Salz, Zucker und die restliche lauwarme Milch hinzufügen. Alles vermischen und die Eier und die Hälfte der Butter zugeben.
Den Teig gut durchkneten, dann die restliche Butter in kleinen Flöckchen einarbeiten. Den Teig 15 Minuten ruhen lassen. Nun die Hefemasse zugeben und den Teig so lange durchkneten, bis ein glatter homogener Teig entstanden ist.
Den Teig noch ein paar Minuten durcharbeiten, er muß sich gut vom Schüsselboden lösen. Nun die getränkten Sultaninen untermischen. Die Schüssel mit einem Küchentuch bedecken und den Teig an einem warmen Ort 1 Stunde gehen lassen. Wenn der Teig sein Volumen verdoppelt hat, nochmals kräftig durchkneten.
Eine Gugelhupfform mit Butter einfetten und in jeden Rillenboden eine ganze Mandel legen. Den Teig in die Form füllen und die Form ein paar Mal auf den Tisch stoßen, damit sich die Teigoberfläche glättet.
Den Backofen auf 180 Grad vorheizen. Den Teig in der Form noch etwas ruhen lassen, er sollte bis an den Rand der Form aufgehen. Den Kuchen nun 1 Stunde im Ofen backen. Aus dem Ofen nehmen und aus der Form stürzen, abkühlen lassen. Mit Puderzucker bestäuben.

Lebkuchen-Charlotte mit getrockneten Früchten

FÜR 6 PERSONEN

200 ml Milch • 55 g Blütenhonig
20 g kandierte Orangenschalen
20 g kandierte Zitronenschalen
1 TL gemahlener Zimt
1 gemahlene Gewürznelke
1 Msp gemahlene Muskatnuß
4 Eigelb • 25 g Zucker
40 g Mandeln und Haselnüsse
2 Blätter Gelatine
250 g sehr kalte Sahne
3 cl Kirschwasser
12 Scheiben weiches Honigbrot
(oder Lebkuchen)
getrocknete Pflaumen, Aprikosen und Feigen
Korinthen
frische Rosinen (in heißem
Gewürztraminer eingelegt)
Krokant (feingehackt)
1/4 l Sirup (s. Pfirsichrezept S. 118)

Die Milch erhitzen. Den Honig in eine Stielkasserolle geben, mit der Milch aufgießen und die feingehackten Zitronen- und Orangenschalen hinzufügen. Zimt, Gewürznelke und Muskat untermischen. Vom Herd nehmen und durchziehen lassen.
Eigelb und Zucker mit dem Schneebesen verrühren, bis die Masse das Volumen verdoppelt hat und schön schaumig ist. Die Schaummasse vorsichtig unter die Gewürzmilch heben.
Die Masse bei niedriger Hitze unter ständigem Rühren erwärmen, bis eine dickflüssige Creme entstanden ist. Auf keinen Fall kochen lassen (Bei 85 Grad fängt die Creme an zu kochen.). Vom Herd nehmen.
Haselnüsse und Mandeln hacken und unter dem Grill oder bei Oberhitze im Backofen leicht bräunen.
Die Gelatine in kaltem Wasser einweichen, ausdrücken und in einer Schüssel mit dem Schneebesen zu kleinen Stückchen verschlagen. Zur Creme geben und gut verrühren. Die Sahne steif schlagen und mit den Mandeln und Haselnüssen unterheben. Mit 1 cl Kirschwasser aromatisieren und in den Kühlschrank stellen.
Sirup und restliches Kirschwasser miteinander verrühren. Die Honigbrotscheiben kurz in den Sirup tunken und Boden und Rand einer Charlotte-Form leicht überlappend damit auslegen.
Die abgekühlte Creme daraufgießen und die Form ein paar Mal auf den Tisch stoßen, damit sich die Masse gut setzt. Die Oberfläche mit Honigbrotscheiben bedecken und mindestens für 6 Stunden in den Kühlschrank stellen.
Vor dem Servieren die Trockenfrüchte und die in heißen Gewürztraminer eingelegten Rosinen in einer Schale anrichten.
Die Charlotte aus der Form stürzen, mit dem gehackten Krokant bestreuen und mit den Trockenfrüchten servieren.

Weinbergpfirsiche mit Elsässer Spätburgunder und Zimteis

Die spät reifenden, aromatischen roten Pfirsiche findet man auf unseren Märkten bis Ende Oktober. Einen besonders kräftigen Geschmack entwickeln sie, wenn man sie im Ganzen kocht.

FÜR 4 PERSONEN

8 Weinbergpfirsiche
1/2 Flasche Pinot noir (Spätburgunder)
1 EL Zitronensaft • 1 Zimtstange

FÜR DEN SIRUP:
250 g Zucker • 1/4 l Wasser

FÜR DAS EIS:
1/2 l Milch • 100 g Zucker
5 Eigelb • 2 Zimtstangen

Das Eis zubereiten: Die Milch mit dem Zimt aufkochen und 10 Minuten durchziehen lassen. Eigelb und Zucker mit dem Schneebesen verrühren und die heiße Milch untermischen. Diese Creme zum Kochen bringen, durch ein feines Sieb abgießen und abkühlen lassen. In einer Sorbetiere gefrieren lassen.
Die Pfirsiche 1 Minute in kochendes Wasser legen, abgießen, in eiskaltes Wasser tauchen und schälen.
Den Sirup zubereiten: Wasser in eine Stielkasserolle geben, den Zucker zufügen und alles zum Kochen bringen. 5 Minuten kochen, dann abkühlen lassen. Wein, Zimt und Zitronensaft zugeben, zum Kochen bringen und die Pfirsiche hinzufügen. Zugedeckt etwa 10 Minuten leise köcheln, dann lauwarm abkühlen lassen.
Das Eis mit einem Eßlöffel in Nocken abstechen und zu den Pfirsichen servieren.

Quittensorbet

FÜR 10 PERSONEN

6 große Quitten (ca. 1,8 kg)
500 g Zucker • Quittengeist
2 EL Zitronensaft

Die Quitten mit einem feuchten Küchentuch abreiben, um die filzige Haut zu entfernen. In Viertel schneiden, dabei die Kerne nicht entfernen, und 12 Stunden an der Luft liegen lassen.
Die Quitten nach 12 Stunden in einen großen Topf geben, 1/2 Liter Wasser und den Zucker zugeben. Zum Kochen bringen und 3 Stunden bei schwacher Hitze schmoren lassen. Dann die Quitten durch ein feines Sieb streichen, den Zitronensaft hinzufügen und in einer Sorbetiere gefrieren lassen.
Das Quittensorbet in hohe Gläser füllen und mit Quittengeist beträufeln.

Jacques Gander, Wildhüter und Imker in Illhaeusern

Lauwarmer Zwetschgen-Blätterteig-kuchen

FÜR 4 PERSONEN

300 g Blätterteig • 500 g Zwetschgen
100 ml Rotwein • 250 g Zucker
100 g Konditorcreme (S. 137)
500 g Vanilleeis
4 cl Zwetschgenwasser • 100 ml Sahne
1 Zitronenscheibe • 1 Orangenscheibe
1 Zimtstange • Puderzucker

Den Backofen auf 180 Grad vorheizen. Den Blätterteig ausbreiten und acht Rechtecke von 14 x 7 cm ausschneiden. Auf ein beschichtetes Backblech legen und die Oberfläche mehrmals mit einer Gabel einstechen. 20 Minuten im Ofen backen.

In der Zwischenzeit die Zwetschgen zur Hälfte aufschneiden und die Kerne entfernen. Die Zwetschgen mit Zucker, Zimt, Wein, Orangen- und Zitronenscheiben sowie 3 cl Zwetschgenwasser in einen Topf geben und zum Kochen bringen. 5 Minuten leise köcheln lassen.

Abkühlen lassen, die Zwetschgen abtropfen lassen. Den Kochsud durch ein feines Sieb gießen. Den Sud zum Kochen bringen und auf die Hälfte einkochen. Abkühlen lassen.

Die Konditorcreme mit der steifgeschlagenen Sahne und dem restlichen Zwetschgenwasser vermischen. In einen Spritzbeutel mit großer, glatter oder gerillter Tülle füllen.

Auf jeden Teller einen Spiegel von 3 Eßlöffeln Zwetschgensaft geben. Darauf ein Blätterteigrechteck setzen und dieses mit Konditorcreme und anschließend mit gekochten Zwetschgen garnieren. Mit einem zweiten Blätterteigrechteck bedecken und mit Puderzucker bestäuben. Je eine Kugel Vanilleeis neben das Blätterteiggebäck setzen und servieren.

In der Auberge brennen wir mit einem heißen Draht ein Karomuster in den Blätterteig, was sehr dekorativ aussieht.

Früchtebrot

Die Basis für dieses herrliche »Berawecka«, wie es bei uns auch genannt wird, sind getrocknete Früchte. Es wird lange vor Weihnachten zubereitet, damit die Aromen genug Zeit haben, sich zu entfalten.

FÜR 12 PERSONEN

500 g Brotteig mit Milch
500 g getrocknete Birnen
500 g getrocknete Feigen
250 g getrocknete Pflaumen (entkernt)
250 g kandierte Orangen- und Zitronenschalen
250 g Rosinen • 100 g gehackte Walnüsse
125 ml Kirschwasser • 60 g Zucker
1/2 TL gemahlener Zimt
1/2 TL gemahlener Sternanis

Den Backofen auf 160 Grad vorheizen. Kandierte Zitrusschalen, Birnen, Feigen und Pflaumen in kleine Würfel schneiden. Zusammen mit den Rosinen, Nüssen, Gewürzen und dem Kirschwassser unter den Brotteig mengen. Den Teig gut durchkneten, bis alle Früchte gut verteilt sind.
Aus dem Teig drei längliche Brote formen und auf ein beschichtetes Backblech setzen. Im Ofen 1 1/2 Stunden backen.
Wenn die Brote fertig sind, haben sie eine sehr dunkle Farbe. Aus dem Ofen nehmen und auf einem Kuchengitter abkühlen lassen. Mindestens drei Tage ruhen lassen, bevor Sie das Früchtebrot anschneiden. Wesentlich besser schmeckt es jedoch, wenn man es gut verschlossen in einer Dose einen Monat liegen läßt.
Zum Servieren in feine Scheiben schneiden und als Dessert oder Teegebäck reichen. Schmeckt auch hervorragend mit einem Glas Gewürztraminer Spätlese oder einer edelsüßen Beerenauslese.

Rosinengratin mit Gewürztraminer-Trester

FÜR 6 PERSONEN

250 g Vanilleeis
8 Löffelbiskuits
100 ml Marc de Gewürztraminer
1 kg große Elsässer Muskateller-Trauben
100 ml Sahne
3 Eigelb
3 EL Zucker
200 g Himbeeren

Den Grill im Backofen vorheizen. Die Löffelbiskuits in Würfel schneiden und mit dem Gewürztraminer-Trester beträufeln. Die Muskateller-Trauben häuten.
Zucker und Eigelb in eine Stielkasserolle geben und mit dem Schneebesen verrühren. In ein heißes Wasserbad stellen und so lange rühren, bis eine sämige Schaumcreme entstanden ist. Vom Herd nehmen und abkühlen lassen. Die Sahne steif schlagen und unter die Eischaummasse heben.
In sechs kleine, gekühlte Auflaufförmchen je eine Kugel Vanilleeis setzen. Das Eis etwas flachdrücken und den eingeweichten Biskuit darauf verteilen. Mit Trauben und Himbeeren belegen und mit der Schaumcreme überziehen.
Die Förmchen für 1 bis 2 Minuten ganz dicht unter den heißen Grill stellen, so daß die Oberfläche schön bräunt. Sofort servieren, das Eis darf noch nicht geschmolzen sein.

Quittenstrudel mit Sorbet und Hagebuttensauce

FÜR 10 PERSONEN

FÜR DEN TEIG:
250 g Mehl • 1 Eigelb
1 Msp Salz • 1 EL Erdnußöl

FÜR DIE QUITTEN:
500 g Quitten • 250 g Zucker

FÜR DIE MANDELCREME:
300 g weiche Butter
250 g Zucker • 6 Eier
300 g gemahlene Mandeln
30 g Mehl
75 g Konditorcreme (S. 137)
100 ml Quittengeist

FÜR DIE SAUCE:
250 g Hagebuttenmark
125 g Zucker • 1 EL Zitronensaft

ZUM FERTIGSTELLEN:
25 g zerlassene Butter
1 EL Puderzucker

Die Hagebuttensauce zubereiten: Das Hagebuttenmark in einen Topf geben. 1/4 Liter Wasser, den Zitronensaft und den Zucker zugeben. 10 Minuten kochen lassen, abkühlen und in einer Sorbetiere gefrieren lassen.
Die Quitten zubereiten: 1/2 Liter Wasser mit dem Zucker in einen großen Topf geben und zum Kochen bringen. Quitten schälen und in feine Streifen schneiden, die Kerne entfernen. In den Sirup geben und 20 Minuten leise köcheln lassen.
Für die Mandelcreme Eier, Zucker und Mehl vermischen. Butter, Mandeln und Quittengeist zugeben, alles gut verrühren und unter die Konditorcreme mengen.
Den Teig zubereiten: Mehl in eine Schüssel sieben, Eigelb, Öl und 1 Eßlöffel Wasser sowie das Salz zugeben. Alles gut vermengen, bis ein weicher homogener Teig entstanden ist. Auf ein bemehltes Küchentuch legen und mit einer Glocke oder Salatschüssel bedekken. Den Teig an einem warmen Ort 45 Minuten ruhen lassen.
Wenn der Teig lange genug geruht hat, den Backofen auf 210 Grad vorheizen. Den Teig auf einem bemehlten Tuch mit dem Nudelholz dünn ausrollen. Nun die Hände mit Mehl bestäuben, unter den Teig greifen und ihn an allen Seiten vorsichtig ausziehen, bis er so dünn und durchsichtig ist wie Papier.
Teig in Rechtecke von 20 x 10 cm schneiden und jedes mit Mandelcreme bestreichen. Die abgetropften Quittenstreifen darauflegen und die kleinen Strudel aufrollen. Nacheinander auf ein beschichtetes Backblech legen und mit zerlassener Butter bestreichen.
In den Backofen schieben und 20 Minuten backen. Wenn die Strudel fertig sind, mit Puderzucker bestäuben und unter dem heißen Grill des Backofens kurz bräunen. Lauwarm servieren. Zu jedem Strudel einen Eßlöffel Quittensorbet auf Hagebuttensauce anrichten.

Apfelstrudel

Ein großer Klassiker der österreichischen Küche: Mit dem dünnen knusprigen Teig und der aromatischen zarten Füllung schmeckt der Apfelstrudel wunderbar. Probieren Sie ihn auch einmal mit Englischer Creme (S. 137).

FÜR 6 PERSONEN

FÜR DEN TEIG:
250 g Mehl • 1 Ei
1 EL Erdnußöl
1 Msp Salz

FÜR DIE FÜLLUNG:
2 kg Renetten
80 g Paniermehl
50 g Korinthen
200 ml Rum
150 g Zucker

ZUM FERTIGSTELLEN:
100 g zerlassene Butter
2 EL Puderzucker

Den Teig zubereiten: Mehl in eine Schüssel sieben und das Ei, das Öl, 4 Eßlöffel Wasser und das Salz zugeben. Alles gut vermengen, bis ein weicher homogener Teig entstanden ist. Auf ein bemehltes Küchentuch legen und mit einer Glocke oder Salatschüssel abdekken. An einem warmen Ort etwa 45 Minuten ruhen lassen.

Die Äpfel vierteln, schälen und die Kerngehäuse entfernen. Die Apfelviertel in feine Blättchen schneiden. Zucker und Rum zugeben und vermischen. Die Rosinen dazugeben und nochmals gut vermischen. Durchziehen lassen.

Wenn der Teig lange genug geruht hat, den Backofen auf 210 Grad vorheizen. Den Teig auf einem bemehlten Tuch mit dem Nudelholz dünn ausrollen. Die Hände mit Mehl bestäuben, unter den Teig greifen und ihn an allen Seiten vorsichtig ausziehen, bis er so dünn und durchsichtig ist wie Papier.

Die Oberfläche des Teiges mit der Hälfte der zerlassenen Butter bestreichen, mit dem Paniermehl bestreuen und Äpfel und Rosinen darauf verteilen. Den Rand des Tuchs mit beiden Händen anheben und den Strudel so aufrollen, daß eine lange Rolle entsteht. Eine feuerfeste Form leicht mit Butter einfetten und den Strudel hineinsetzen. Die Oberfläche etwas mit zerlassener Butter bestreichen und den Strudel in den heißen Ofen schieben. 30 Minuten backen, dabei zwischendurch immer wieder mit Butter bestreichen.

Wenn der Strudel fertig ist, aus dem Ofen nehmen und mit Puderzucker bestäuben. Heiß servieren.

chen und 15 Minuten im vorgeheizten Backofen backen.
Die fächerförmig aufgeschnittenen Birnen mit Rohzucker bestreuen und im Backofen unter dem Grill überbacken.
Auf jeden Teller ein Knuspergebäck setzen und mit einer karamelisierten halben Birne und einem Eßlöffel Zichorieneis garnieren.

Kirschen in der Knusperhülle mit Rotwein

FÜR 4 PERSONEN

600 g Kirschen (entstielt und entkernt)
4 Brickblätter (Pâte à brick, Fertigprodukt; ersatzweise Reispapierblätter)

FÜR DIE MANDELCREME:
100 g weiche Butter • 100 g Zucker
1 Ei • 20 g Mehl
Schale von je 1 unbehandelten Zitrone und Orange
4 EL Konditorcreme (S. 137)

FÜR DIE KIRSCHEN:
1/2 Flasche Bordeaux
100 g Zucker
Schale von je 1 unbehandelten Zitrone und Orange
1/4 Zimtstange • 1 Sternanis

ZUM BESTREICHEN:
1 Eigelb

ZUM ANRICHTEN:
4 Kugeln Zimteis (S. 118)

Die Kirschen kochen: Dafür den Wein in einen großen Topf geben, Zucker, Zitrusschalen, Zimt und Anis zugeben und zum Kochen bringen. Die Kirschen hinzufügen und 5 Minuten darin pochieren. Abtropfen lassen, den Kochsud auffangen und beiseite stellen.

Die Mandelcreme zubereiten: Die Zitrusschalen fein hacken und unter die Konditorcreme mischen. Zucker und Butter so lange miteinander verrühren, bis die Masse weißschaumig ist. Nun das Ei, gesiebtes Mehl, gemahlene Mandeln und schließlich die Konditorcreme untermischen.

Den Backofen auf 150 Grad vorheizen. Die Brickblätter in Dreiecke schneiden und mit der Mandelcreme bestreichen. Abgetropfte Kirschen daraufgeben. Den Rand des Brickblatts mit Eigelb bestreichen und pyramidenförmig zusammenfalten. Die Pyramiden mit Eigelb bestreichen, auf ein Backblech setzen und 15 Minuten im heißen Ofen backen.

Den Kochsud der Kirschen auf die Hälfte einkochen.

Auf jeden Teller ein heißes Gebäck setzen. Mit etwas Kirschsaft und Zimteis garnieren.

Fruchtgelee

Dieses Rezept kann man mit allen Sorten von Früchten zubereiten: mit Birnen, Quitten, Himbeeren, Erdbeeren, schwarzen Johannisbeeren …

FÜR 6 PERSONEN

1 kg Früchte
550 g Zucker
20 g gemahlenes Pektin
2 EL Zitronensaft
Zucker

Früchte wenn nötig schälen und in große Stücke schneiden. Fruchtfleisch in einem großen Topf zu einem dicken Püree kochen und durch ein Sieb passieren. 500 g Fruchtmark abmessen.

Das Fruchtpüree in einen Topf geben und zum Kochen bringen. 50 g Zucker und das Pektin zugeben und mit einem Holzspatel gut vermischen. Den restlichen Zucker zufügen und unter ständigem Rühren 10 Minuten kochen lassen. Den Zitronensaft zugeben und den Topf vom Herd nehmen. Die Paste 1 cm dick auf eine große Platte streichen und abkühlen lassen.

Das Fruchtgelee nun in 3 cm große Quadrate schneiden und in Zucker wenden. In Dosen verwahrt, hält es sich mehrere Tage.

Kastanienmousse

FÜR 6 PERSONEN

700 g frische Maronen (geschält)
125 g Zucker
125 g Butter
5 Eigelb
400 ml Sahne
6 Blatt weiße Gelatine
2 EL Rum

Die Maronen in einen Topf geben, mit Wasser bedecken und zum Kochen bringen. 45 Minuten kochen lassen, dann abgießen und die Maronen durch eine Passetout pressen. Das Püree lauwarm abkühlen lassen und Butter und Rum untermischen.
Die Gelatine in kaltem Wasser einweichen. Zucker und Eigelb in einer Schlagschüssel über dem Wasserbad mit dem Schneebesen zu einer schaumigen Creme rühren. Die abgetropften Gelatineblätter dazugeben und verrühren, bis sie sich aufgelöst haben. Vom Herd nehmen und so lange rühren, bis die Masse abgekühlt ist. Das Maronenpüree unterziehen.
Die Sahne steif schlagen und unter die Masse ziehen. Die Mousse in eine Schale füllen und mindestens 6 Stunden im Kühlschrank ruhen lassen.
Mit einem Eßlöffel Nocken abstechen und mit einer mit Rum aromatisierten Englischen Creme servieren.

Vanillecreme mit Honigkuchen

FÜR 4 PERSONEN

200 g Crème fraîche
4 Scheiben Honig- oder Lebkuchen
30 g Zucker
2 Eigelb
1/2 Vanilleschote
Rohzucker

Die Vanilleschote aufschneiden und mit der Crème fraîche und der Hälfte des Zuckers in einen Topf geben. Zum Kochen bringen.
Das Eigelb mit dem restlichen Zucker verrühren und unter ständigem Rühren die kochende Milch zugießen.
Den Backofen auf 85 Grad vorheizen. Den Honigkuchen in kleine Würfel schneiden und auf vier flache Auflaufförmchen verteilen. Mit Vanillesauce auffüllen.
Die Förmchen in den Ofen stellen und 45 Minuten backen, bis die Creme schön fest ist. Aus dem Ofen nehmen und abkühlen lassen, bis sie lauwarm ist.
Den Grill vorheizen. Vanillecreme mit etwas Rohzucker bestreuen und die Förmchen direkt unter den Grill stellen. Die Creme soll sehr schnell bräunen. Sofort servieren.

Elsässer Weine und Branntweine

Das Weinbaugebiet Elsaß

Schon im 11. Jahrhundert vor Christus bauten die Römer im Elsaß Wein an. In den darauffolgenden Jahrhunderten wurde der Weinbau durch das Christentum weiter vorangetrieben, Mönche stellten Weine und Branntweine in den Klöstern her.
Im Mittelalter galt Elsässer Wein als einer der besten in Europa, und zu der Zeit avancierte das Elsaß auch zum Zentrum für europäischen Wirtschaftsverkehr. Viele europäischen Händler kauften dort ihre Weine, die dann auf der Ill von Colmar aus nach Straßburg, an Illhaeusern vorbei, verschifft wurden. Von Straßburg aus ging es über den Rhein nach Deutschland. Später gelangte der Wein nach Holland und England.
Nach der Revolution, im Zeitalter Napoleons, wurden die Weine »vins de Rhin français«, französische Rheinweine, genannt. Nach der deutschen Invasion 1871 hießen sie »vins du Rhin« – Rheinweine, wie die in Deutschland produzierten Weine auch.
Als das Elsaß 1918 wieder zu Frankreich kam, wurden die Winzer dazu verpflichtet, wertvolle Rebsorten zu pflanzen, die den verschiedenen Böden und den klimatischen Bedingungen am besten gerecht wurden. In Bergheim und in Ammerschwihr wurden nun Gewürztraminer angebaut, in Riquewihr Riesling und in Mittelbergheim Silvaner.
1962 erlangte das Elsaß den A.O.C.-Status; 1976 bekam der »Crémant d'Alsace«, hergestellt nach der Champagnermethode, ebenfalls die A.O.C.
1983 wurden – analog zu den »Clos« im Burgund – die »Grands Crus« eingeführt, 1984 kamen noch die »Vendange Tardive« (Spätlese) und die »Sélection de grains nobles« (edelsüße Beerenauslese) hinzu.

Die Rebsorten

Silvaner (28 Prozent der Rebfläche): Ergibt einen frischen, leichten, vollmundigen Wein.

Pinot blanc und Auxerrois (18 Prozent der Rebfläche): Ein fruchtiger, würziger, runder Wein, der auch den Grundwein für den »Crémant d'Alsace« liefert. Paßt gut zum Aperitif und zu rustikalen Gerichten wie Quiches, Tartes und Wurstwaren.

Elsässer Muscat (4 Prozent der Rebfläche): Ein Aperitif-Wein, leicht, frisch, fruchtig, reich an Aroma und Geschmack. Der einzige trockene Muskatellerwein Frankreichs.

Chasselas (4 Prozent der Rebfläche): Einfacher Wein ohne besondere Eigenheiten. Im Rückgang begriffen.

Tokay-Pinot gris (5 bis 6 Prozent der Rebfläche): Reicher, feuriger Wein, der gut altert. Die Pflanzen wurden aus Ungarn importiert. Bis vor ein paar Jahren hieß der Wein noch »Tokay«. Um eine Verwechslung mit dem ungarischen Tokajer zu vermeiden, muß nun immer »Pinot gris« (Grauburgunder) auf dem Etikett ergänzt werden. Schmeckt hervorragend zu Gänsestopfleber (edelsüße Beerenauslese und Spätlese), zu Fisch und Krustentieren, Geflügel und weißem Fleisch.

Serge Dubs,
Sommelier in der Auberge de l'Ill